战略改善

STRATEGIC KAIZEN™

今井正明◎著　中国质量协会◎译

中国人民大学出版社
·北 京·

译者序

现场是企业生产产品和提供服务的直接场所，现场管理水平直接决定企业为顾客创造价值的能力。现场改善是企业质量管理水平持续提升的基础。

20世纪50年代以来，日本的制造业实现飞跃性发展，产品质量快速提升，生产方式持续创新，日本逐步走向世界质量强国的行列。多年的实践和研究证实，关注现场、重视改善是促使“日本制造”取得成功的奥秘。过去70多年间，日本涌现出以今井正明、大野耐一、新乡重夫等为代表的一大批现场改善大师，他们的实践为日本企业走向世界做出卓越贡献，他们的思想也深深影响着各国企业。

《战略改善》是今井正明先生“改善三部曲”的第三部。全书延续了《改善》《现场改善》的核心思想，从组织管理的角度，深入阐述和剖析了只有以战略为牵引，才能真正发挥改善的价值和作用这一观点。“改善三部曲”既是指导企业追求卓越的方法论，也是推动企业实现经营目标的实践指南。现场改善的思想和方法发源于日本，经过几十年的系统实践被全世界接受，从产品制造到顾客服务，各行各业都被改善的魅力深深吸引。

改革开放以来，在政府主管部门和中国质量协会等组织的积极推动下，全面质量管理、质量管理小组、精益管理等先进的质量管理思想和方法被全面引入中国。质量改进、现场改善的理念与中国本土的质量文化紧密结合。在借鉴现场改善等先进的质量管理理念和方法、结合中国企业管理实践的基础上，中国质量协会编制了《企业现场管理准则》GB/T 29590－2013国家标准。该标准的实施，对于促进企业重视现场、强化持续改进的理念、不断提高创新能力等方面，发挥了积极的作用。一批践行现场改善理念的优秀企业成为高质量发展时代的标杆。

《战略改善》作为一本系统介绍现场改善的方法论著作，全面总结了改善思想和方法的发展脉络，用通俗易懂的语言全面阐释了推动组织绩效提升的主要方法和关键路径。本书可以为从事企业管理实践和理论研究的各类读者提供参考和借鉴。

参与本书翻译的人员有王璐、侯进锋、万展强、王林波、韩铁，在此对他们的细致工作表示衷心的感谢。

中国质量协会

推荐序

全球改善咨询集团顾问　查理·沙曼

我最近在意大利博洛尼亚参加了全球改善咨询集团举办的全球改善颁奖典礼，房间里坐满了来自世界各地的改善参与者和被提名者。我介绍了改善方法的发展及其在实现精益转型和战略规划中的关键作用。随后，我被邀请为今井正明（Masaaki Imai）先生的新书《战略改善》撰写推荐序。这本书是他的“改善三部曲”的第三部。今井正明先生是改善的先锋，先后出版了《改善》(1986）和《现场改善》(1997)。

我的改善之旅与第一本书不谋而合。我当时是一名年轻的工程师，刚从大学的机械工程专业毕业，在英国中部工业地区的一家汽车顶级供应商那里工作。我成长在一个工会动荡、罢工和经营冲突不断的时代。质量是返工和退货的同义词，唯一重要的是不惜一切代价交付产品，以避免电机制造生产线停产而遭受严厉惩罚。我的职责之一是每周五从顾客那里收集有缺陷的产品进行维修。难怪 20 世纪 70 年代有 100 多家注册的汽车制造公司，而现在只有几家。

1986 年，我读了《改善》一书，这是一本对于一位急需老师的年轻工程师来说具有里程碑意义的教科书。我深入了解了日本是如何用几十年持续提高生产力、质量和灵活性，通过围绕改善（一种“为更好而改变”的文化）建立改进方法，成为一个强大的竞争者的。

这本书的出版恰逢日本汽车开始在英国生产。这是我学习改善概念和今井正明思想的机会。访问日本时，日本的完美程度和不断进步的文化让我渴望了解更多。我在 20 世纪 90 年代加入全球改善咨询集团，从那时起，这种理念始终伴随着我。我与今井正明先生的第一次会面是在一个寒冷的冬日下午，当时我刚加入全球改善咨询集团。在大师课上，一位看起来谦逊、安静的人物站了起来，听众被他吸引。他描绘东西方在业务系统方面的差异，“你们专注于数量和速度，无视改善的重要性”，这是对他分析的客观总结。

从 20 世纪 90 年代开始，我们就受益于大师分享他在永无止境的改善之旅中的真知灼见。当被问及为何在 65 岁才写第一本书《改善》时，他说，“我终于有了一些有价值的东西可以分享。”现在，90 岁的今井正明继续通过“改善三部曲”的第三部《战略改善》来分享价值。

如今，丹纳赫公司（Danaher Corporation）是实践改善战略的引领性组织之一。这家公司开发的丹纳赫业务系统，被认为是当今的精益思想。从 20 世纪 80 年代重新聚焦制造业开始，今井正明就影响了这家公司。 1988 年，今井正明受邀为丹纳赫公司讲授了两天有关准时化生产的课程。后来，他评价道："丹纳赫公司的团队是多么渴望学习呀。"近些年，因开发了丹纳赫业务系统而备受赞誉的高管乔治·科尼赛克（George Koenigsaecker）谈到了今井正明思想对塑造丹纳赫公司未来的重要意义。丹纳赫公司在质量、成本、交付和创新方面交出了世界级的答卷，树立了很高的水准。任何丹纳赫公司的高管都会认为："改善是一种生活方式。"丹纳赫公司是全球众多深受改善思想影响的公司之一。

几十年来，今井正明一直谦逊地教导那些愿意倾听和学习改善的拥有变革性力量的人。时间证明他是对的，那些倾听并实施改善的人会成功，而那些不这样做的人则半途而废。今井正明是一位伟大的老师，他的新书将引导我们进入精益的下一个阶段。战略改善的意义深远，它包含过去 40 年间积累的实现改善转型的经验和专业知识，以及在我们追求卓越道路上闪耀的光芒。

第三本书向管理层发出挑战，抛弃传统的数量和速度的方法，把流动、同步和均衡的改善哲学作为他们的战略目标。

一旦高层管理者选择放弃传统的方法，战略改善将指导他们进入持续改善之旅，使他们的企业绩效达到全新的高度。

我很荣幸能够为我尊敬的老师撰写这本书的序言。

前 言

这本书是企业战略“改善三部曲”系列的最后一本。

我的第一本关于改善的书

在第一本书《改善》中，我介绍了日本独有的“Kaizen”一词，意思是“为更好而改变”，并首次提出，在理解日本独特的管理方法与其他国家使用的传统方法的区别时，改善是至关重要的。

那时，日本独特的管理实践和创新，如丰田汽车公司的生产方式和索尼的袖珍收音机受到全世界越来越多的关注。

在这种情况下，第一本关于改善的书向其他国家介绍了日本独特的管理实践。

书的封底列出以下评论：

> 《改善》不同于我读过的任何一本关于日本管理的书。它非常实用，是一本了不起的书！
>
> ——托马斯·R. 霍顿，美国管理协会首席执行官

> 改善是自满的反义词。当人们试图对他们所领导的企业进行革新并制度化时，这本书是一个极好的

参照。

——约翰·扬，惠普公司主席兼首席执行官

20 世纪 50 年代，我作为日本生产力中心的一名工作人员被派往美国五年。我的职责是带领日本高管访问美国优秀企业、政府机构、劳工组织等，观察、学习美国的管理实践。

这些经历给了我难得的机会，让我可以仔细观察日美两国开展业务的不同方式。回到日本后，我开启了管理咨询顾问的职业生涯，最终出版了我的第一本书。全球改善咨询集团就是在这个时候成立的。

我的第二本关于改善的书

随着全球改善咨询集团积累不同国家的客户基础并帮助集团运营，我的第二本关于改善的书《现场改善》出版了。很多公司邀请我在董事会会议、各种研讨会和公司活动上发言。我强烈地感受到需要展示管理层如何更好地领导公司并且充分利用改善的益处。

在第二本书的术语表中，“改善”概念被定义为“在实施改善时，必须理解和实践的主要概念”，并列出以下主题：

- 改善和管理
- 过程与结果
- 遵循 PDCA（plan-do-check-act）/SDCA（standardize-

do-check-act）循环

- 把质量放在第一位
- 用数据说话
- 将下一道工序视为顾客

第二本书还列出了现场管理的五大黄金法则：

1. 发生问题时，要到现场去。
2. 检查现物（现场的真实状态）。
3. 当场采取临时处理措施。
4. 找到并消除问题根源。
5. 标准化，防止再次发生。

现场（gemba）：日语单词，意思是“真实的场所”。在管理术语中表示员工为顾客创造价值的工作场所。

到现场去（go to the gemba）：现场改善的首要原则。这是一个提醒，无论何时何地发生异常，或者无论何时管理者希望检查当前的作业状态，都应该立即去现场查看，因为现场是为顾客创造价值的地方。

在将常识付诸实践的同时，第二本书讨论了高层管理者的角色以及发展学习型组织的必要性。我相信管理层有责任应对员工和顾客的挑战，以实现更高的目标。遗憾的是，当今大多数管理者已经不再发挥这样的作用。

另一个困扰当今管理的因素是，过于强调知识的传授，而忽视了常识、自律、秩序和经济方面的团队学习。有两种解决问题的方法。

第一种方法涉及创新，应用最新的技术，如计算机科学和其他工具，并投入大量资金。第二种方法需要常识和工具，不需要花费很多资金，任何人都可以随时使用。

现场改善引入了现场的概念，认为它在管理中至关重要。现场是所有员工致力于为顾客创造价值的地方。

第二本书的封底列出了以下评论：

> 现场改善是简化的杰作。它会教你如何从周围的环境中学习，如何为看似复杂的问题找到简单、低成本的解决方案。
>
> ——刘易斯·E. 普拉特，惠普公司董事长、主席、首席执行官

> 今井正明先生提供了清晰、实用的见解，帮助我们理解各级管理者如何与现场的员工合作，从而更好地提高质量、降低成本，满足顾客越来越高的要求。
>
> ——小林阳太郎，富士施乐公司主席、首席执行官

我的第三本关于改善的书

《战略改善》这本书提出使用流动、同步和均衡（FSL™）

工具来测量和提高运营绩效，其中，流动概念是精益生产方式最主要的支柱之一。在依据流动概念设计的作业顺序中，每个工件在工序间流动，不会出现中断和停滞。

本书的最后一章以改善、现场、顾客和高层管理者的坚定决策为主题，探讨了如何抛弃传统的管理体系，最终实现精益企业的最高使命。

书中指出，在高层管理者的坚定决策下，如果所有的努力都聚焦于实现改善和精益企业的管理战略，每个人都会为这个目标贡献力量。

“改善三部曲”表明，任何企业的高层管理者只有抛弃传统的经营方式，实施让所有现场员工和顾客参与进来的改善和精益的战略，才能让企业在成为世界级精益企业的道路上取得显著进展。

日本企业管理的显著特点是采用循序渐进的“自下而上的方法”，但是，大多数西方企业青睐于一种激进的“自上而下的方法”，这显然拉大了管理人员、现场员工和顾客之间的心理距离。

西方传统的高层管理者通常认为现场员工的工作过于乏味和无聊，并会对他们说：“不要用那些鸡毛蒜皮的事来烦我，我有更重要的事情要做。”

我在第一本书中第一次介绍了日本单词——改善，在第二本书中介绍了另一个日本单词——现场，并写道：“今天的管理者经常使用复杂的工具和技术处理问题，但是这些问题通过常识和低成本的方法就可以解决。”

另外，我想补充以下见解：首席执行官们需要认识到现场员工的力量，培养他们最高水平的技能，并以发挥员工和顾客的现场精神为工作准则。

我和大野耐一

谨以此书献给我的导师大野耐一（Taiichi Ohno）先生。在我们的交谈中，他偶然提到的一句话让我印象深刻：“让流动管理工序，不要让管理干扰流动。”我花了许多年的时间才理解运营中平稳、持续和快速的流动是丰田生产方式（TPS）、改善和精益战略的核心。

我还意识到流动是由顾客订单触发的，从收到订单到产品和服务交付，生产必须保持平稳、持续和快速的流动。任何扰乱生产顺畅流动的事物都被称为 muda（日语中的“浪费”），而改善的意思是在流程中找到浪费并当场处理。

这是我第三本关于改善的书。第一本书《改善》第一次向全世界介绍了改善的概念。第二本书《现场改善》介绍了改善和精益在现场中的应用，并提供了具体的实践方法。

第三本书涉及基于改善和精益概念的企业战略，主要写给首席执行官、董事会和其他可以决定企业命运的高层管理者。

这本书也适合希望紧跟企业战略变化的读者。

几年前，在一次关于改善的公开演讲中，一位教授拿着我的书走到讲台上对我说，“这是我的教科书。”我把它看作对我最高的赞扬。我真诚希望读者，特别是那些能够改变他们公司命运的读者，读完本书会有所收获。如本书所建议的，尝试做一天的 FSL 评估和审核，了解企业目前的运营状况，开始 FSL 的旅程。

KAIZEN™ 和 FSL™ 商标

KAIZEN™ 是全球改善咨询集团（KGGC）的注册商标之一。 Kaizen 在日语中的意思是“改进”，经常在“改善事件”或“改善活动”这样的场景中使用，它可能意味着一个小的独立的步骤。然而， KAIZEN™ 作为我和全球改善咨询集团使用的概念，是一个更全面的管理战略，用以实现业务的最终目标。 FSL™ 也是全球改善咨询集团的注册商标，通过评估 FSL™ 的状态，可以帮助企业彻底实现精益状态，成为真正的改善企业。

今井正明

致 谢

在撰写“改善三部曲”时，我注意到高层管理者未能认识到放弃传统管理方法这一首要任务，于是，我通过阐明高层管理者的角色，解决了关于改进工作的主要问题。他们面临的挑战是虽然看到改善可以带来新机遇，但是需要建立一个既能满足顾客需求，又能满足企业财务目标，并且长期可持续发展的组织。

最终目标是使众多企业建立业务实践，这将帮助高层管理者认识到在执行改善战略、实现最终目标并发展成为精益企业的过程中，他们所能发挥的作用。我之所以撰写第三本书，正是因为当今大多数高层管理团队失去了他们的指南针，四处徘徊，困在旧的管理实践和短视业绩的迷宫中。

在众多关于高层管理者角色的出版物中，我欣赏并引用了罗杰·马丁（Roger Martin）的文章。他以务实和精确的方式阐明了企业管理中高层管理者的角色及其实践，他的观点补充了我在本书中描述的内容。

我的挚友枝野幸男（Yukio Kakiuchi）和麻岛一郎（Ichiro Majima）都是经验丰富的管理顾问，他们多年来一直帮助我，感谢他们的支持。在本书中，我还引用了许多其他关于管理主题的观点和文章，在此，我要向张富士夫（Fujio Cho）、小山坂（Sakae Komiyama）、坂根正弘（Masahiro Sakane）、高桥健二（Kenji Takahashi）、山田仁（Hitoshi Yamada）表示衷心的感谢。我还要感谢根本明（Akira Nemoto）在本书的编辑工作中给予的帮助，特别感谢我的妻子纪子（Noriko）一直以来对我的支持。

1985 年全球改善咨询集团成立以来，我有幸遇见了许多改善倡导者，包括集团内部和外部的人。有许多人相信我说的话，支持我，并实施改善方法。我要特别感谢全球改善咨询集团的所有成员，他们分享了我的愿景，并向世界各地的组织传递了信息。早年与阿尔伯托·巴斯托斯（Alberto Bastos）、欧克利德斯·科英布拉（Euclides Coimbra）、安东尼奥·科斯塔（Antonio Costa）、布鲁诺·法比亚诺（Bruno Fabiano）、维诺德·格罗弗（Vinod Grover）、贾扬斯·默西（Jayanth Murthy）、卡洛·拉托（Carlo Ratto）等人密切合作，给我留下许多美好的回忆。他们以及从那时起加入全球改善咨询集团的许多人，都以自己的方式为他人提供可以效仿的范本，并且一直在为改善 KAIZEN™ 业务系统和帮助顾客做出贡献。

感谢所有管理全球改善咨询集团各项业务运营以及其他关键职能的人，你们开发改善的方法，维护集团品牌，管理我们的业务。你们的不懈努力将继续改进我们的服务，同时确保全球改善咨询集团成为顾客的合作伙伴，成为我们无与伦比的工作场所。你们的努力工作使“改善”这一理念更加完善，并在未来持续下去。感谢你们所有人。

全球改善咨询集团

全球改善咨询集团于 1985 年由今井正明创立，是传播和实践改善理念的先驱和全球领导者。它的全球专业团队致力于建设一个让每个人在每个地方、每一天都能够改善它的世界。

全球改善咨询集团引导各种组织（公立的或私人的）在全球市场追求更高的绩效——更简单、更快、更好，以及成本更低。全球改善咨询集团的专家向顾客提出挑战，帮助他们培养领导能力以保持企业各方面的改进，最终实现全球改善咨询集团的愿景，建立世界范围内的改善实践共同体。全球改善咨询集团的主要服务包括但不限于以下项目。

咨询和实施

- 和顾客一起实施长期改善
- 运营系统的设计和实施
- 突破性改进项目和经营重组

教育、培训和会议

- 商业培训、学术以及在线培训课程设计

- 现场和非现场的培训、研讨会、讲座、公司会议以及领导者专场培训

参观考察和标杆学习

- 向日本和世界一流企业的改善标杆学习
- 建立同行间的学习和考察交流网络

流动、同步和均衡（FSL）

我在研究评估和审计精益状态方法的过程中，最终发现了以下三个关键词——流动、同步和均衡（FSL），它们是隐藏在精益战略中的秘密。

FSL 包含了评估和审计企业精益状态所必备的标准条款。

我们需要两套公开的准则来评估和审计企业的管理状况，即财务状况和运营状况。财务报告体系是目前唯一一个公开被认可的审计企业财务业绩的体系。然而，目前还没有与财务报告体系相对应的方法，以评估和审计每个企业的运营状况。

现有的企业可以分为两类——传统企业和精益企业。传统企业是指那些继承了百年遗产，却未能采用丰田在过去 100 年里发展起来的精益方法的企业。

据我估计，目前 99%的企业属于传统企业，只有 1%的企业采用了 FSL 战略。

读完本书，你会发现实现精益战略终极目标的途径。

目　录

第 1 章　当今的企业界　/ 1

生产系统产能过剩　/ 3

满足股东需求 vs. 满足顾客需求　/ 3

提供奖励和认证的机构　/ 5

现代资本主义的阿喀琉斯之踵　/ 6

股东高兴 vs. 顾客满意　/ 7

现代企业治理　/ 8

第 2 章　传统企业与精益企业　/ 9

如何将传统企业转变为精益企业　/ 11

传统方法　/ 12

传统运营的致命缺点与魔咒　/ 13

企业的三重职能　/ 15

新产品开发　/ 16

合资工厂案例：坂根正弘　/ 17

传统体系中普遍存在的错误常识　/ 19

理想的现场作业　/ 20

第 3 章　CEO 与董事会　/ 25

修正游戏规则　/ 27

股东与利益相关方 / 29
日本的企业治理 / 29
住友的案例 / 30
注释 / 32

第 4 章 股东与顾客 / 33
罗杰·马丁的两个故事 / 35
顾客满意度与精益战略 / 39
注释 / 43

第 5 章 KOA 株式会社 / 45
实施 KOA 公司的生产方式 / 51
改善现场的物流和生产职能 / 52
KOA 公司生产方式的变化 / 55

第 6 章 横森制作所 / 59
为横森制作所提供咨询 / 61
引入均衡生产和流水线 / 64
从单元式到流水式的转变 / 67

第 7 章 丰田和大野耐一 / 71
从传统运营转变为精益运营 / 73
丰田生产方式是如何诞生的 / 74
第二次世界大战日本投降后第二天发生的事情 / 75
多机操作 / 77

衰退 / 78
多工序操作 / 79
准时化和丰田喜一郎 / 82
丰田喜一郎在英国的经历 / 84
超市的方法 / 86
财务重组和运营重组 / 87
大野耐一访问美国 / 88
标准作业 / 90
以顾客为中心的方法 / 91

第 8 章 丰田佐吉 / 93
明治维新时期的青年 / 95
国际博览会和第一项专利 / 97
丰田自动织造公司和自働化 / 97
丰田佐吉的遗产 / 99

第 9 章 通用汽车公司的故事 / 101
财务重组和运营重组 / 103
重组过程 / 105
高层管理者未能采用精益战略的原因 / 107

第 10 章 佐藤三越的案例研究 / 109
丰田三好工厂（1） / 112
丰田三好工厂（2） / 115
音羽工厂（东海理化公司） / 118

日野汽车公司 / 122

第 11 章 精工零件公司 / 125

精工零件公司的改善活动 / 127

把工厂作为展厅 / 129

第 12 章 天龙矢崎的工厂 / 139

一个建立柔性精益系统的项目 / 142

第 13 章 科米柔性镜公司 / 147

科米镜子 / 150

目标是农业企业 / 153

科米的顾客清单 / 154

科米的哲学 / 154

新的境遇 / 155

航空业务的起点 / 158

其他众所周知的信息 / 161

第 14 章 流　动 / 163

流动的益处 / 165

车间里的混乱 / 167

管理者的职责 / 167

建立平衡、持续和快速的流动 / 168

物料流动的两种类型 / 170

信息流动 / 171

跨职能管理 / 176
“我们与他们”和利益相关方 / 177

第 15 章 评估企业精益状态的新标准：流动、同步、均衡（FSL） / 179
FSL 评估和审计 / 181
精益运营评估与审计：FSL / 186
精益战略的准则 / 190

第 16 章 流动和丰田生产方式 / 191
丰田生产方式的本质 / 194
均衡 / 194
建立并保持均衡生产顺序 / 196
看板：通过生产顺序拉动作业 / 196

第 17 章 张富士夫与大野耐一 / 199
向大野耐一学到的内容 / 205

第 18 章 开展 FSL 评审 / 207
业务运营的两种类型 / 209
两种类型的比较 / 210
精益企业的特征 / 212
实施 FSL 的主要活动 / 213
现场巡查清单 / 219
现场改善诊断检查表 / 221

第 19 章　建设持久的阵地，精益战略　/ 225

对比　/ 227

引入精益战略失败的原因　/ 228

引入精益的缺点之一　/ 229

缺乏评估运营系统的标准　/ 230

精益战略的重要性　/ 231

第 20 章　大野耐一语录精选　/ 239

团队合作　/ 241

标准　/ 241

七种浪费　/ 241

生产过剩　/ 242

囤积的本性　/ 242

看板　/ 242

丰田生产方式是如何产生的　/ 242

标准化作业　/ 243

实践优于理论　/ 243

在现场行走　/ 243

永不停歇的生产线　/ 243

准时化生产的矛盾　/ 243

理解数字　/ 244

成本　/ 244

人的工作价值　/ 244

改善　/ 244

耐心 / 245
接受他人建议 / 245
来自日本的语录 / 245
移动和工作 / 245
目视化管理 / 246
少人化 / 246
问题和原因 / 246
教育和培训 / 246
孤岛 / 246
不停歇的生产线 / 247
生产过剩的浪费 / 247
用流动管理过程 / 247
知识是你用钱买来的东西 / 247
只有实践了才能获得智慧 / 248
丰田生产方式永无止境 / 248
更多语录 / 248

第 21 章 倡导 FSL 评估 / 249
采用 FSL 战略 / 252
开展生产现场评估 / 253
写第三本书的原因 / 253

后 记 / 255

第 1 章

当今的企业界

这是一个信息过剩的时代。每个人都可以从网络获取信息。然而，获得真正的信息却很难。

生产系统产能过剩

当今企业界的特点是生产系统产能过剩，这是人工智能、智能工厂、工业 4.0 以及数字技术快速发展的结果。然而，首席执行官（CEO）似乎还在追求过去几个世纪遗留下来的传统，即生产的速度和数量，这最终产生了巨大的浪费。

满足股东需求 vs. 满足顾客需求

当今 CEO 的另一个遗留问题是他们倾向于取悦股东，对企业其他的关键利益相关方——顾客——只给予很少的关注。

写这本书主要是为了唤醒那些能够决定公司命运的 CEO 和董事会。

自从我写了第一本书《改善》和第二本书《现场改善》，并推广改善的理念和精益战略，一个令人痛苦的问题一直存在：

为什么那么多公司不接受精益战略，尽管它们的优势得到了很好的证明？

精益战略在日本称为丰田生产方式（TPS），在其他地方称为精益战略。在我看来，丰田生产方式、丰田和精益这三个词是一个概念。丰田生产方式代表丰田公司的理念和战略，精益是丰田生产方式在生产现场的实际应用。

为什么很多公司没有采用精益战略？在寻找原因的过程中，我发现问题的根源在于：第一，CEO 未能理解运营流程是丰田生产方式和精益战略的基础，它旨在改进企业的经营策略以提高顾客满意度、改善公司财务状况。

第二，评估和审计企业运营状况的通用标准尚不存在。目前，财务报告体系是唯一公开被认可的评估和审计企业经营绩效的方式。

俗话说："没有标准就无法判断。"例如，我们可以根据 A 公司和 B 公司的财务报告来对比它们的财务绩效。但是，在没有共同参照系的情况下，如何比较 A 公司和 B 公司的运营状况呢？

在寻找答案的过程中我意识到，财务报告体系是迄今为止评估和审计企业绩效唯一可用的手段。该体系基于一个世纪以来的实践，即将财务数据作为评估企业绩效的唯一标准。随着时间的推移，这一体系已经制度化，成为合法的、公共的和行政的框架，并由注册会计师审计其正当性和真实性。

我认识到，在目前的体系中，不能简化为数字的非财务信息将无法在财务报告中列报。因此，到目前为止，还没有评估和审计企业总体业绩的公共手段。

提供奖励和认证的机构

除了财务报告体系外，下述机构根据其制定的标准，为达到高水平运营状态的企业提供以下奖励和认证：

1. 戴明奖（日本科学技术联盟（JUSE））
2. TPM 奖（日本设备维修协会）
3. 新乡卓越运营奖（犹他州立大学）
4. ISO 认证（国际标准化组织）
5. EFQM 卓越奖（欧洲质量管理基金会）
6. 马尔科姆·波多里奇国家质量奖（美国国家标准与技术研究院）

只要财务报告是由注册会计师或会计师事务所编制的，财务报告体系就是适用于所有公司的唯一的手段，这也是财务报告成为对所有公司进行评估和审计的唯一通用方式的原因。

另一方面，上述提供奖励和认证的机构本身无法以与财务报告体系相同的方式扩展其体系。

这些机构有一个共同特点：没有把评估企业内部运营状况

作为授予奖励和认证的标准，因为它们的目的不是评估企业的精益运营状况。因此，这些奖项和认证的获得者很可能尚未开始采用基于流程概念的精益战略。

事实上，我走访了很多获得上述奖项和认证的企业的车间，并从精益流程的角度观察它们的运营，发现其中很多企业远未在整个过程中实行精益流程运营。

现代资本主义的阿喀琉斯之踵

财务报告就像白天运营形成的影子。真正的运营是在白天进行的。“数豆子”从晚上开始，计算进多少、出多少、还剩多少。白天的工作是过程，晚上的计数是结果。白天的工作是光，晚上的计数是影。取得好成绩时，应该把功劳归于数数的人吗？我们需要对白天的运营工作和晚上的计数工作进行评估，以在两者之间实现平衡。

考虑到这一点，我意识到，评估和审计企业内部运营状况的标准尚未制定。尽管精益方法可能优于传统方法，但只要没有中立的标准来衡量企业运营状况的改善，就没有人会认真采纳精益战略。

如果标准不能简化为数字，我们如何在财务报告中制定高层管理者的决策？

股东高兴 vs. 顾客满意

在西方的企业管理体制下，CEO 的角色是让股东高兴，而不是让顾客满意。

为什么？因为“顾客”一词一开始就没有出现在财务报告中，也不可能用数字来表示顾客满意的情况。因此，如今的企业治理相形见绌。

精益战略的目标是改善企业内部运营体系，以确保顾客长期满意和企业长期可持续。换句话说，评价一个企业的绩效有两种方式：财务绩效和内部运营绩效。

按照目前每月、每季度、每年度提交财务报告的做法，CEO 无法逃脱短期主义的诱惑，甚至冒着损害企业长期可持续性的风险，青睐短期结果。

另一方面，精益战略是一个改善企业内部运营体系，以满足顾客长期需求的战略。精益战略是一个长期项目，需要多年甚至几十年的时间来建立和维持一个稳健的运营框架，而当前的财务报告体系旨在短期内最大化股东的满意度。

目前，财务报告体系是向股东报告 CEO 的财务绩效的唯一手段。因此，只要现行的财务报告体系是向股东披露企业财务状况的唯一手段，CEO 就无法抵制短期主义的诱惑。

现代企业治理

财务报告体系不适合追究企业 CEO 的责任。财务报告将所有企业活动归结为数字，并将无法简化为数字的非财务活动排除在外。它驱使 CEO 和董事会走向短期主义。

长期以来，我一直在寻找评估和审计企业财务状况和运营状况的全球标准，这一标准能在这两者之间取得平衡。在目前的财务报告体系下，任何一条信息，无论多么重要、及时和紧急，只要不能分解成数字，就无法传到 CEO 和董事会的耳朵里。

直到有一天，我突然意识到，多年来我奉行的精益战略的目的是改善企业的运营框架，而不是搞数字游戏。由于当今大多数企业都从事传统运营，因此，对它们来说，最紧迫的战略之一必须是采用精益战略，对其运营进行大幅改进，以提供可以满足顾客要求的产品和服务。

问题是，现行的财务报告体系是评估和审计 CEO 绩效的唯一工具，CEO 可以免受任何关于他们疏忽大意的指控。显而易见的结论是，除了财务报告，还要制定新的标准来评估和审计每家企业的运营状况。

本书基于战略改善的原则对这一标准进行介绍。

第 2 章

传统企业与精益企业

本书中，企业被分为两类，即传统企业与精益企业。本书的主旨是如何将传统企业转变为精益企业。

精益战略意味着改变传统企业的运营框架。因此，在介绍我对评估和审计精益运营的关键标准的发现之前，需要解释传统运营和精益运营之间的基本区别以及传统企业为何被自己的体系所害。

如何将传统企业转变为精益企业

今天，没有人会不同意精益方法比传统方法更可取，它可以使企业比传统阵营中的竞争对手盈利更多。然而，迄今为止，精益战略从未被大多数传统企业所采纳。

传统企业用最多的资源获得最少的产出，而精益企业用最少的资源获得最多的产出。资源是指运营中的各种投入，如人力、机器、原材料、建筑物、供应商、空间、距离、信息、时间、速度和金钱。产出意味让顾客满意的产品或服务，这些产品或服务可以确保企业的长期绩效和可持续性。

上述定义清楚地证明了改善和精益方法的优越性，即使用最少的资源自动产生最低的运营成本。正如质量专业人士所熟知的，波动控制是稳定和保持良好质量的基本手段之一。因此，使用最少的资源，如人员、机器、原材料等，能自动降低运营成本并维持稳定的质量。此外，精益方法也有助于减少原材料（自然资源）和浪费，有助于保护生态，而生态保护是当今人类面临的最紧迫任务之一。

我相信，丰田生产方式的核心是追求平稳、持续和快速的生产流动，这是几代丰田领导人满怀激情所追求的。后来，流动概念不仅在丰田的运营中得到扩展，还扩展到整个供应链，包括供应商、分销商、经销商，当然还有顾客。

据我估计，采用精益战略的传统企业数量不到全球所有公司的1%。

传统方法

从19世纪大批量生产开始，传统方法得到大量应用，它的运营受到以下错误认知的引导。

错误认知一：量越大越便宜

这个错误认知是“更多、更大、更快”的心态。传统方法认为，使成本最小化的最佳方法是在给定的时间内生产尽可能多的产品。实现这一目标的手段是使用昂贵且运行速度快的机器，这些机器会造成大量库存。

这种对库存的痴迷是被容忍的，甚至被认为是传统企业必需的，这些企业奉行“更多、更大、更快”的经营理念。

错误认知二：生产计划基于销售预测和库存

人类过去播撒种子，分批种植、收获和储存粮食。当订单到达时，从仓库中取出粮食，“良好的库存”是成功和财富的标志。这种农业思维被带入传统的车间管理，生产计划基于销售预测和仓库库存。

问题是，即使是最聪明的大脑也无法提前预测客户订单，在现实世界中，销售预测几乎总是错误的。由于担心错过正确的订单数字并导致缺货，乐观的销售预测被发送到生产层。在执行日常任务时，由于同样的原因，每道工序也倾向于生产比所需更多的部件，导致库存累积。

这两个错误认知造成了高库存和长生产周期，消耗的资源超过了所需。在未来的年鉴中，如今的传统企业将被归入“博彩业”的范畴，因为它们的成功取决于一个最不可靠的信息，即销售预测。

传统运营的致命缺点与魔咒

这两个错误认知给传统运营带来了很多魔咒。

过度使用资源

过度使用资源是传统体系和精益体系的主要区别之一。它包括大量库存、大量员工、原材料、机器、仓库空间和较长的生产周期。过度使用资源自然会导致更高的运营成本和更长的处理原材料的时间。

通过生产波动控制保持良好的质量

保持良好质量的基本要求之一是使生产波动最小化。在日本，波动被称为偏差，波动控制成为丰田生产方式的基本要求之一。减少生产波动自然能够降低运营成本，同时使整个过程保持良好的质量。使用过多的员工和原材料、需要更长的操作时间等，显然会导致各种波动和质量问题。

精益方法通过多种实践来减少生产波动，例如标准化、引入节拍时间、单件流和自働化（jidoka）生产。

质量与成本

如今的顾客精通最新的全球市场信息，寻求质优价廉的产品，并希望按时收到。传统管理人员受制于自身体系的魔咒，无法以更低的成本满足顾客对高质量的要求，并认为高质量需要更多的钱。然而，精益主管力求在降低成本的同时提高质量，因为这是顾客的要求，并认为精益方法可以同时实现这两个目的。

灵活应对不断变化的市场

企业必须满足多样化的顾客订单。有时会突然收到紧急订单。订单有每日、每周、每月和季节性波动。产品类型、数量和交付条件也存在波动。长期的繁荣可能突然结束，衰退随之而来，造成顾客订单急剧上升或下降。

管理的作用就是保持足够的灵活性以适应不断变化的环境，传统企业由于自身体系的魔咒而缺乏这种灵活性。

缺乏灵活性可能是大型跨国企业最大的障碍，因为它们的运营规模庞大，与精益竞争对手相比，它们在全球范围内缺乏跨职能的灵活性并产生了巨大的浪费。

企业的三重职能

每个企业都有设计、生产和销售产品的三大职能，没有它们，企业就无法存在。设计职能的作用是设计出满足顾客在质量、成本和交付（QCD）方面期望的有吸引力的产品，并提交给生产职能，即车间或现场。当现场能够按设计生产产品时，产品就可以按设计方案销售。

因此，只有这三个职能协同运转，企业才能达到最佳状态。

参观现场时，我们发现传统企业和精益企业在上述三个职能之间存在巨大差异。为日本质量管理发展做出巨大贡献的石川馨（Kaoru Ishikawa）教授，曾与日本一家大型钢铁公司的工程师分享他的经验。工程师开发出新的工艺流程后，他建议他们去下一个工程师那里，新工艺流程将发送给后者。工程师们说：“你的意思是我们必须去见我们的敌人？我们从来没去过那里。”石川馨说：“你们把开发的东西提供给他们，并要求他们让它发挥作用。你们应该把他们当作你们的顾客。”从这一刻起，“下一道工序就是我们的顾客”这句格言诞生了，这句话在从业者中得到广泛的应用。

新产品开发

另一种灵活性表现为在最短的交货时间内开发、生产和交付新产品。随着产品生命周期的缩短，企业开发和推出新产品的速度成为重要的竞争手段。实现这一目标需要密切的跨职能协同，尤其是设计、生产和销售三大职能之间的协同。

销售职能部门和市场营销职能部门确定顾客的潜在需求，并将其交付给设计职能部门以绘制图纸和开发工艺流程，这些图纸和工艺流程将被发送到车间进行生产。车间的作用是实现设计中确定的质量、成本和交付目标。

传统企业不太重视标准化、文明作业、消除浪费等做法，往往缺乏满足这些要求的自律性，因此要么需要更长的生产时间，要么无法达到设计的最初目的。

事实上，车间是传统企业和精益企业在运营方式上差距最大的地方。精益专家走进现场，观察流水作业，瞬间便可识别企业的状况。

合资工厂案例：坂根正弘

日本工程机械制造商小松制作所（Komatsu）前社长兼董事长坂根正弘（Masahiro Sakane），回忆起他被派驻美国并管理与德莱塞（Dresser）合资的两家工厂的情景，这两家工厂分别位于美国和日本。这段时间里，他有很好的机会观察两家工厂管理方式的差异。这两家工厂都生产由德莱塞设计的同款机器，使用相同的图纸、相同的机器和工具，生产布局也一样。

最初的几个月里，他看不出这两家工厂有什么明显的区别，但当他们庆祝合资工厂成立五周年时，两家工厂的业绩差距明显。

日本的工厂每天都在进行改善活动，现场课长（经理）、现场工程师和操作人员都参与其中。

在美国的工厂里，设计工程师和现场工程师之间存在明显的阶级意识，前者待在空调房里，不会亲临现场。

在日本的工厂里，车间经理、车间工程师和车间操作人员一起进行日常改善活动。

坂根正弘认识到，在美国和欧洲，有高级经理参加的典型经理会议上，其他经理会突然变成哑巴，会议就像高级经理的个人表演。他认为，在处理现场工作方面的差距可能是这些国家或地区无法持续进行日常现场改善的原因之一。

在日本，在大老板面前组织这样的会议，通常是中级经理人员积极发言，并提出许多改进建议。

从这些经验中，坂根正弘得出结论，日本工厂管理的力量来自中层和中级经理、工程师和操作人员。另一方面，他认为西方企业的优势在于，企业的高层和高级管理人员精通商业和专业术语，但缺乏应对车间日常状况的手段。

由此，坂根正弘确信日本管理层的优势在于现场，而美国企业的优势在于管理层的上半部分，即高层管理人员、高级管理人员，以及高级工程师。换言之，美国的高层管理者没有手段也没有意愿去评估和观察日常现场活动的起起落落。

坂根正弘发现，与美国相比，日本工厂在产品工程师、开发工具的现场管理者和使用工具的操作人员的能力方面具有明显差异。因此，日本工厂的快速发展是显而易见的。换言之，在日本工厂的现场，工程师和操作人员使用的机器和工具发生了明显的变化。

在美国，他没有发现明显的改进开展工作方式的日常实践，也没有发现操作人员在日常改善活动中使用的工具。

日本的工程师、管理者和操作人员对改变目前的作业方式不会表现出很强的抵制态度。在美国，如果事先进行了充足的解释，并且这种变化事先已经确定，那么美国的操作人员会表现出很大的热情。否则，他们不会像日本员工那样表现出对改善日常工作的热情。

在合资企业的日本工厂里，改善活动每天都会开展，机器和工具都得到了改进。

传统体系中普遍存在的错误常识

错误的常识表明，批量生产产品更便宜。然而，大批量生产只会产生多余的产品，并需要额外的人员、设备、空间等来处理这些多余的产品。这只会增加运营成本。

如果企业生产的产品比最初订购的多，就会产生库存。保存库存商品需要人员、空间、建筑物等，并且会增加处理多余产品的成本。

批量生产基于以下假设：

- 大批量采购原材料更便宜。
- 库存是一种资产。
- 企业应该购买新设备来提高生产力。
- 贵的设备应该持续运转。

理想的现场作业

下面，我们将回顾典型精益企业中的理想车间作业。《现场改善》这本书中列出了支撑理想车间作业的三个活动：标准化、5S 和消除浪费。

现场的日常作业活动根据作业规程进行，作业规程规定了操作如何进行。这些写在一张纸上并贴在现场的作业规程被称为标准作业，意味着最好、最有效、最安全的作业方式。

标准化

标准是指维持平稳、持续和快速的生产流程的控制点清单。

成功的车间管理归结为一个原则：保持和提高标准。首先，管理必须建立标准化作业，以保持最佳的作业方式。从事非标准化作业会导致波动，无法实现最初设计的质量、成本和交付目标。

无论何时何地发生作业异常，管理的任务都是对照标准审查工作，消除偏差（异常），修订或建立新标准使流程恢复正常。

因此，精益运营中车间管理的第一步是保持现有标准。

第二步是完善和提升现有标准。无论何时何地发生异常，都必须确定更好的方法，并且制定和遵循新标准。

于是，车间管理的格言是："保持和提高标准。"标准要随时进行改进和完善。

大野耐一（Taiichi Ohno）曾经说过，标准是改善的基础。开展工作最好和最快的方法是确定最佳标准作为工作的基础，并不断努力改进它。无论我们工作多努力、多快，没有标准就无法知道是否有所改进。用大野耐一的话说："没有标准，就没有改善。"

5S：文明作业

5S 代表 5 个以 S 开头的日语单词，意思是文明作业。这 5 个单词如下：

> 整理（seiri）：区分什么是必要的、什么是不必要的，并摒弃后者。
>
> 整顿（seiton）：将整理后剩余的物品摆放整齐。
>
> 清扫（seiso）：保持机器和工作环境清洁。
>
> 清洁（seiketsu）：将整洁的概念扩展到自己身上，并不断实践以上 3 个步骤。
>
> 素养（shitsuke）：通过确立标准来自律，并养成运用 5S 的习惯。

5S 最初在日本的车间产生并实践，现在已扩展到许多其他国家的车间。纪律严明的车间始于 5S，终于 5S。车间 5S 是流水作业的起点，没有它，就不可能有平稳、持续、快速的流动。

消除浪费

Muda（浪费）是一个日语单词，意思是不增加价值的事物或活动。车间里只有两种类型的作业：顾客付费的增值作业和无人付费的非增值作业。

车间里的现场人员要么增加价值，要么不增加价值。作业是一个增值过程，始于原材料，终于成品。每个工序增加在产品价值后将其传递到下一道工序。

管理的任务是消除整个流程中各种类型的作业浪费。大野耐一在他的著作《丰田生产方式》（1992）中列出了车间的 7 种浪费：

1. 生产过剩的浪费
2. 库存的浪费
3. 不良重修/返工的浪费
4. 动作的浪费
5. 加工的浪费
6. 等待的浪费
7. 搬运的浪费

有一次他告诉我，在车间里可以找到任意数量的浪费。他开玩笑说："因为 7 在日本是个吉利的数字，所以我在书中随口提出‘7 种浪费’，现在这一说法已经出版了。作为作者，我觉得不适合说‘实际上有任意数量的浪费’。”

事后看来，我相信大野耐一的意思是，浪费是任何会干扰生产平稳流动的事物或活动，而改善会消除这些干扰，使流动平稳、持续、快速地进行。

5S 识别车间的浪费（非增值作业），并将结果纳入新标准。因此，标准化的两个步骤、5S 和消除浪费密切相关，特别是 5S 被视为精益的起点，因为它识别了员工在材料加工、搬运和其他任何物流作业中的浪费。因此，可以说精益运营始于现场 5S，并终于 5S。

第 3 章

CEO 与董事会

如果要指出未能接受精益的“罪魁祸首”，那么头号人选显然是 CEO 和董事会。引入精益就像开启一个永无止境的旅程，带来运营方式的改变，而管理层的承诺是踏上这一旅程必不可少的要素。这一旅程一旦开始，就必须得到历任 CEO 和董事会的大力支持，这是一项没有终点的战略。

尽管精益的卓越表现已经广为人知并被证明，但据我所知，几乎没有一位 CEO 和董事会主动接受精益战略。为了理解原因，我们需要回顾当前的企业治理实践及其对引入精益战略的影响。

修正游戏规则

罗杰·马丁（Roger Martin）在他的《修正游戏规则》（2011）一书中提出导致美国资本主义逐渐垮台的两大罪魁祸首。它们是企业 CEO 和董事会。他指出现代代理理论实践中的一个重大错误，即高管是作为企业所有者的股东的代理人，代理人的作用是使股东价值最大化。在西方实践中，委托代理问题产生的原因是代理人有一种内在的动机，即为自己而不是为委托人优化活动和资源。

增加股东价值完全符合高管的个人目标，比如实行股份制薪酬。

罗杰·马丁认为，本应代表股东利益并让企业管理者承担责任的董事会也是CEO的代理人，他们并不总能充分独立于高管的决策。因此，即使是董事会也不能始终履行其作为高管监督者的职责。

罗杰·马丁写道，代理理论涉及两个市场，真实市场和预期市场。“真实市场是建立工厂、设计和生产产品、买卖真正的产品和服务、赚取收入、支付费用并且实际利润会体现在利润表上这样一个世界。这是高管们至少在某种程度上控制的世界。”[1]

“预期市场是公司股票在投资者之间交易的世界，换句话说，预期市场即股票市场。在这个市场上，投资者评估公司当下的真实市场活动，在此基础上形成对该公司未来可能表现的预期。所有投资者和潜在投资者对未来业绩预期的共识决定了公司的股价。”[2]

因此，高管们在两个市场之间左右为难，更多地关注预期市场时，对真实市场的关注就会减少。在西方的公司治理中，满足股东期望是CEO的第一要务，这意味着增加股票价值。

代理理论的实践鼓励高管追求股东价值的最大化，而忽视其他利益相关方的价值，特别是顾客的价值。

股东与利益相关方

近几年的金融危机以来，工业企业股东的定位发生了微妙的变化。2002 年，美国国会通过了《萨班斯-奥克斯利法案》(Sarbanes-Oxley Act，SOX)，对董事的会计犯罪规定了巨额罚款和监禁措施。为了进行监督，内部审计人员必须向由董事组成的审计委员会报告，其中半数以上是外部董事。

英国《2006 年公司法》将对股东利益相关方的考量编入法律，包括以下内容：长期后果、员工、供应商、顾客、社区和环境。其他欧洲国家，例如德国和法国，公司治理中对股东的重视程度较低，而对其他利益相关方（例如员工和工会）给予了更多的法律和政策上的考虑。

日本的企业治理

日本的企业治理发展与西方的做法截然不同，因为许多日本企业是在 1868 年明治维新后成立的。在此之前，日本被划分为许多由封建领主统治的封建氏族，武士家臣按照传统承担行政和军事职责。

明治维新后创办的许多企业继承了包括终身雇佣制在内的思想。

桑福德·M. 雅各比（Sanford M. Jacoby）在其著作《嵌入世纪企业》（*The Embedded Corporation*，2005）中写道：“直到最近，利益相关方而非股东的理念在日本仍很流行……日本的企业治理是利益相关方资本主义的一种形式，至少直到最近，‘没有人对所有者给予太多思考。企业不被视为任何人的“财产”。它们是组织官僚机构，很像公共官僚机构，人们为了工作而加入，成为其成员。他们更像是社区。’”[3]

即使到了今天，大多数日本企业的使命中依然不包括股东的股利，因为所有者往往是雇主，被视为关心臣民的近代封建主。终身雇佣制就是这样一种观念的结果。

住友的案例

以下是住友集团公司创始人在大约400年前撰写的一个企业理念的例子，可以让我们对日本企业治理的本质有所了解。住友家族企业创始人住友政友（Masatomo Sumitomo）最初的使命宣言如下：

1. 不得以任意方式开展超出规定职责范围的活动。
2. 不应从工作中谋取私利。
3. 不应从一时的机会中攫取利益而危及企业。
4. 在开展工作时，要确保不出现差错、失误、疏忽和失职。
5. 不要玷污企业的荣誉和信任。

6. 不得将企业的官方文件用于私人货币交易和其他交易。

7. 荣誉必须得到尊重，不要轻视穷人。

8. 讨论他人的功绩和过失时要协同参与。

9. 不应该泄露秘密。

10. 应本着信任和可靠的精神开展业务，以确保企业的持续发展。

11. 由于业务趋势变化，经营可能会起起落落，但在任何情况下都不应追求 furi（短期而好赚的钱）。

12. 保持稳定和值得信赖的经营模式。

住友是日本三大财阀（金融团体）之一。

第 11 条中的 furi 是一个不常见的日语单词，意思是利用一个短暂、容易的机会凭空攫取金钱，但没有明显的社会效益。furi 一词被用作对住友集团所有公司负责人的告诫。据说，最初住友金融集团的负责人放弃过房地产业务。在最近泡沫时代的鼎盛时期，全世界有更多高管遵守这一有 400 年历史的格言，这是多么美好的愿望啊。

西方企业治理的特点是股东至上和短期主义，而日本模式更注重其他利益相关方的利益和企业的长期可持续性，更倾向于保留更多留存收益而不是向股东支付股利。这可能是日本企业盈利能力被认为比西方企业低的一个原因。

日本企业治理的另一种常见做法是主要从企业自己的董事

中任命董事会成员，并提名企业 CEO 担任董事会主席。

日本企业治理的传统特征是终身雇佣、工资基于资历和企业工会。这些特点造成了企业结构头重脚轻，决策权集中在总部，这往往会延长管理层的决策过程。

然而，在第二次世界大战和“失去的二十年”之后加入企业的年轻员工，沿着管理通道晋升，反映了日本最近经济社会价值的变化，这些变化阻碍了日本工业的复苏，传统的企业治理特征正在发生变化。

近期，鉴于多家投资日本企业的外国机构基金希望引进西方的企业治理模式，日本政府开始重新审视本国企业治理实践。

2014 年，日本国会决定审查公司法，让更多外部董事加入董事会，以加强董事会对粉饰财务报表和排除黑帮（日本黑手党）影响等做法的监督，从而更加重视股东利益。一些日本企业还引入了类似英国的管理规范，尽管该规范尚未得到法律授权。

注释

［1］ Roger L. Martin，Fixing the Game（Harvard Business Review Press，2011），12.

［2］ Martin，Fixing the Game，12－13.

［3］ Sanford M. Jacoby，The Embedded Corporation（Princeton University Press，2007），29，quoting from Dore，Stock Market Capitalism，25.

第4章

股东与顾客

到目前为止，我们已经讨论了 CEO 和董事会的角色，在本章中，我想回顾一下股东与顾客的角色。

罗杰 · 马丁的两个故事

罗杰 • 马丁在其《修正游戏规则》一书中讲述了两家不同的公司突然发生灾难的故事，故事中的两位 CEO 选择用不同解决方案应对灾难。

第一个故事反映了公司对股东的关注：

> 2010 年 4 月 20 日，租给英国石油公司（以下简称“BP 公司”）的深水地平线油井在墨西哥湾爆炸，11 名工人死亡，原油喷入水中。BP 公司迅速进入损害控制模式，将事故归咎于钻井平台所有者瑞士越洋钻探公司（Transocean）。BP 公司随后试图将损害范围降至最低，CEO 托尼 • 海沃德（Tony Hayward）解释说：“墨西哥湾是一片非常大的海域。我们投入其中的油和分散剂的量与总水量相比很小。”到了 5 月底，海沃德显然厌倦了被媒体和美国政府嘲弄，终于道了歉。当

被问及他会对那些生计受到漏油影响的海湾居民说些什么时，海沃德回答说："首先要说的是我很抱歉。我们对这次灾难给他们的生活造成的巨大破坏感到抱歉。没有人比我更想结束这一切。我希望我的生活能重新开始。"

毫不奇怪，尽管海沃德试图向海湾地区的人们承认 BP 公司的遗憾，但他却对自己的困难表现出令人惊讶的沉默。封住这口泄漏的油井需要几个月的时间，到那时它已经向墨西哥湾释放了相当于近 500 万桶的石油。这不仅是一场环境灾难，事实证明，深水漏油事件也是 BP 公司的灾难。这已经成为一项如何处理公共关系危机的案例研究。

第二个故事展现了一家专注于顾客的公司：

1982 年 9 月 29 日，芝加哥一名 12 岁的女孩在服用强生公司的泰诺胶囊后死亡。此后不久又发生了六起死亡事件，警方很快将这七起死亡事件与泰诺联系起来，并猜测一名凶手将含有氰化物的泰诺放在芝加哥地区药店和超市的货架上。似乎案发地仅限于芝加哥，但没有人知道有多少瓶药受到影响，谁是凶手，或者为什么会发生这种情况。

强生公司陷入了困境。泰诺几乎占公司利润的五分之一，其市场份额的任何下降都会造成难以挽回的局面，尤其是在恐慌和谣言猖獗的情况下。然而，强生公司做的不是试图淡化危机，而是恰恰相反。主席詹姆斯·伯克（James Burke）立即下令停止泰诺的生产和广告，向全国各地的医院发出警告，并在第一个死亡病例出现后一周内宣布在全国范围内召回市场上的所有泰诺。强生公司随即为其产品开发防破坏包装，这一创新很快成为行业标准。

马丁这样解释两家公司的反应之间的差异：

很容易认为伯克是智者而海沃德不是。更确切地说，伯克和海沃德之所以如此行事，是因为他们遵循了公司的长期宗旨。在深水地平线油井泄漏事件之后，海沃德的行动表明BP公司的利润是其危机应对计划的核心。公司的价值观，正如其网站上所阐明的那样，开头是："BP公司希望被公认为是一家伟大的公司——在竞争中取得成功并成为进步的力量。"……海沃德之所以这样做，是因为股东价值理论告诉他应该这样做。他的所有行为——限制责任、将责任推到别处，以及试图将问题的范围最小化——都是为了保护他的股东。然而，尽管海沃德做了所有努力，BP公司在2010年4—7月间市值损失了一半以上。

强生公司主席伯克的行动也深受公司愿景的影响，他每次走过总部大厅时都能看到这个愿景。大厅里的花岗岩上雕刻着传奇人物强生公司董事长罗伯特·伍德·约翰逊（Robert Wood Johnson）的话：

“我们相信，我们首先要对医生、护士、患者、母亲、父亲以及购买我们产品和服务的所有人负责……我们对我们的员工负责，包括世界各地与我们一起工作的员工……我们对我们生活和工作的社区以及国际社会负责……最后我们对股东负责。当我们按照这些原则运营时，股东就能得到公平回报。”

考虑到这些优先事项，伯克别无选择，只能竭尽所能保护强生公司的顾客，即使这些行动可能会使利润面临风险。股东们最终如何？尽管泰诺的销售在召回后的几个月内受到巨大打击，但强生公司的股价基本上没有受到影响。随着新型防破坏包装上架，泰诺的市场份额迅速反弹。

当然，一个例子不足以证明将股东排在顾客（及其他利益相关方）后面对股东有利。但强生公司的例子表明，一家公司可以非常明确地把顾客放在第一位，并且仍然能够为股东创造巨大的价值。[1]

顾客满意度与精益战略

引入精益发生在这样的真实市场中，即管理层期望追求长期的运营战略，并建立一个稳健的运营系统，以首先满足客户意愿，并确保公司的长期可持续性。然而，西方传统将股东利益放在首位，追求可能危及公司长期可持续性的短期收益，因而不利于公司的长期发展。

在现代公司治理的魔咒下，高管们必须在长期满足顾客和短期满足股东的夹缝中求生存。因此，在预期市场中玩数字游戏的企业高管几乎没有耐心或时间去关注真实市场和顾客。

股东与利益相关方

“利益相关方”一词最早出现在爱德华·弗里曼（Edward Freeman）于 1984 年出版的《战略管理：利益相关者方法》一书中。在将股东至上视为公司治理最终任务的西方，利益相关方作为股东的反义词出现。从那时起，学术界、商界、政府甚至经济合作与发展组织（OECD）就利益相关方的定义和角色展开了无休止的争论。

利益相关方包括政府机构、政治团体、贸易协会、工会、社区、金融家、供应商、员工和客户。

桑福德·M. 雅各比的观察

利益相关方理论的最新发展为当今的公司治理增加了新的任务维度。桑福德·M. 雅各比在其著作《嵌入式公司》中写道："我们可以在美国和英国发现股东导向型治理，在欧洲发现法定利益相关方治理，在日本和东亚其他地区发现自愿利益相关方治理。"[2] 他还写道："相对而言，美国公司青睐高管和现有股东，日本公司则青睐员工和留存收益。这些说法影响了国家创新方法（美国的风险资本与日本的企业研发）、人力资源方法（员工作为成本或资产），以及工业专业化方法（大规模生产服务与精密制造，如沃尔玛和丰田这两个国家标志之间的对比）。"[3]

利益相关方的定义

马克斯·B. E. 克拉克森（Max B. E. Clarkson）撰写的《公司及其利益相关方》（1998）的第一页对利益相关方给出了如下定义：

> "利益相关方"一词定义了一个比公司股东更广泛的群体。它包括员工、顾客、供应商和政府，并扩展到从公司受益的任何人。鉴于大型多功能公司现在是世界范围内经济组织的主要形式，关于公司应如何对

其利益相关方做出反应并承担责任，存在相当大的争论。[4]

在西方公司治理体系下，新利益相关方理论的引入被视为对传统公司治理角色的挑战。

由于每个国家开展业务的方式反映了不同的历史、价值观和实践背景，因此各国在公司治理中对待利益相关方的方式存在很大差异。

此类争论包括以下基本问题：谁应该被视为利益相关方，他们如何按重要性排序，如何将股东和利益相关方区别对待等。

在上述《公司及其利益相关方》一书中，阿奇 · B. 卡罗尔（Archie B. Carroll）和尤哈 · 内西（Juha Näsi）写道：

> 利益相关方可以定义为影响组织或其过程、活动和职能或受其影响的任何个人或群体。因此，商业组织感兴趣的相关群体可能被视为内部和外部利益相关方。
>
> 内部利益相关方可包括员工、所有者和经理等群体。外部利益相关方可包括消费者、竞争对手、政府、社会活动团体、媒体、自然环境和社区。利益相关方也可分为主要与次要、主动与被动、经济与社会、核心、战略与环境等类别。[5]

在股东与利益相关方的最新争论中，顾客的地位似乎越来越受到关注。

利益相关方思维：最前沿的？

利益相关方理论通常作为公司股东理论的替代。爱德华·弗里曼（R. Edward Freeman）在一篇论文中写道，这种替代依赖于当今流行的商业理论的一种特殊方法：分离论。

弗里曼的论文指出为什么以及如何放弃这一理论。分离论认为：

> 商业话语和道德话语可以分开，因此，“x是商业决策”这样的句子没有道德内容，“x是道德决策”这样的句子没有商业内容。

这一想法包含两种观点：一种是商业观点，另一种是道德观点——它已经传播到整个组织世界。弗里曼认为，商业被认为是利己主义、理性、股东、金融和经济学、实证科学，以及头脑冷静和意志坚强。而道德被认为是利他主义、情感、利益相关方（股东除外）、哲学和宗教、概念性思维，以及头脑发热和心软。

弗里曼认为是时候放弃这一理论了。他说，我们迫切需要一种概念性机制，它不明确区分决策中的商业部分和道德部分。股东思维可以为构建新的混合世界提供帮助。

我的答案

没有必要在公司治理中就顾客与股东的地位进行争论。将顾客视为被动的利益相关方更为自然，因为他们不参与管理层的决策过程。因此，我的结论是，顾客的地位应该与公司治理分开讨论，因为如何加强业务运营以及如何与顾客打交道都属于 CEO 和董事会的权利。

CEO 采纳精益战略是展示公司对顾客的承诺和确保公司长期可持续性的最佳证明。

换句话说，CEO 和董事会理所当然地被要求取悦于股东，但他们应该通过做出引入精益战略来确保公司长期可持续性的决定来履行这一职责。

两者的区别在于，一个追求短期的财务目标，而另一个追求长期的运营可持续性。理想的公司治理意味着同等关注股东短期期望与顾客长期满意度及可持续性。

注释

［1］Roger Martin，Fixing the Game（Harvard Business Review Press，2011），43－49.

［2］Sanford M. Jacoby，The Embedded Corporation（Princeton University Press，2005），1.

［3］Jacoby，The Embedded Corporation，ix.

［4］Max B. E. Clarkson，ed.，The Corporation and Its Stakeholders (University of Toronto Press，1998).

［5］Archie B. Carroll and Juha Näsi，"Understanding Stakeholder Thinking：Themes from a Finnish Conference，" in Clarkson，The Corporation and Its Stakeholders，72.

第 5 章

KOA 株式会社

20 世纪 80 年代，KOA 株式会社（以下简称“KOA 公司”）陷入危机。

KOA 公司于 1940 年在日本成立，是一家典型的传统制造商，为印刷电路和其他电气电子设备生产电阻和电容器。如今，它是日本乃至全世界该领域的领先企业之一。然而，它的历史反映了每个传统企业都会遭遇的悲惨命运。

第二次世界大战后，KOA 公司的业务随着日本的电气和电子产业发展起来。

1977 年，总裁向山一人（Kazuto Mukaiyama）决定将公司的管理权交给他 29 岁的儿子向山光一（Koichi Mukaiyama）。据说，这位父亲给了儿子这样的忠告：“做一个好总裁，要谦虚。”

向山光一担任总裁之前在考虑下述问题：

> 我们的主要业务是销售电阻和电容器，这是通用产品，每件不到 0.5 日元，与竞争对手没有太大的区别。因此，我们应该成为一个多元化的国际企业，从大规模经营中受益。为此，工厂应该高度自动化，以获得大批量生产和分销带来的好处。

作为扩大业务范围的手段之一，KOA 公司先后在中国、马来西亚、新加坡设立了合资公司。

其位于日本的工厂引入了带有无人驾驶车辆的自动运输系统，并建造了一个用于储存产品和物料的大型仓库。工厂引进计算机来管理所有的生产单元。总之，这些改变的成本远远超过 2 亿日元。

1984 年，《日本经济新闻》向 10 家日本企业颁发了“高科技自动化奖”，KOA 公司就是其中之一。

1985 年广场协议之后，一切都变了。日元对美元的汇率上升，产品价格突然下降，占出口价格约 25%的利润下降；客户开始将业务转移到其他国家，KOA 公司的内销和出口急剧下滑。KOA 公司虽然在行业中排名第一，但由于不能适应快速变化的经营环境，不得不“反省”其生产体系。

KOA 公司 1985 年 3 月公布的税后利润为 19 亿日元，创下历史最高纪录，但第二年却出现 49 亿日元的赤字。回顾那段日子，向山光一发表了以下讲话：

> 1977 年我成为总裁时，每个月的订单量很小，而且每个月都在下降，我们只能时不时地请员工暂时离职。简单地说，我们什么也不做，财务状况就一直在改善。我的主要兴趣是对外扩张，我只考虑办公桌文件上的数字，认为市场会随着时间持续扩张。因此，在意识到这

一切之前，我的想法远离了我们的顾客、生产现场和真正的市场。这是公司财务状况突然下滑的原因。

在此之前，当地银行的高级经理几乎每天都来拜访我们，并提供更多的贷款。在那些日子里，一接到订单，产品就开始销售。但当公司财务出现赤字时，银行的态度一夜间发生了变化。我被要求每周去一次东京的银行总部汇报这一周的工作。然而，听我汇报的人比我年轻很多。

为了走出困境，我下定决心做一些事情，重新回到刚从父亲那里继承公司的状态。我们失败的根本原因是什么？我们的员工如何看待目前的状况？

首先，我拜访了附近的几家公司，包括那些已经引进丰田生产方式的公司。一家公司给我留下深刻印象。这家公司引进丰田生产方式，只生产接到订单的产品，因此，公司没有库存。在我拜访的那天，该公司正在拆解一台具有高科技含量的机器，公司买回这台机器后发现不能满足特定需求。我发现这家公司的总裁也在那里，而且他每天都去现场。

我立刻回到我们的工厂现场，惊讶地发现库存无处不在。这似乎告诉我，我们用汗水和泪水赚的钱已经变成沉睡的库存，这些库存在等待未来的某一天从公司发出去。

从那以后，我决定每天都去现场，亲眼确认一切。自从我成为总裁以来，这是我第一次意识到问题出在哪儿了。

当时我们开展业务的方式是这样的。

平均而言，仓库和销售部门堆积着三个月的库存。然而，我们无法兑现特殊的交付承诺，需要耗费大量的时间和精力寻找丢失的物品和保管记录。

那时我们有足够的库存，但却出现长期的交付延迟，这使得销售人员与顾客交流时非常困难。与此同时，我们开始感受到库存的负担。为此，我们决定启动新项目 KPS（KOA 公司的生产方式），以评估和改善物流系统。

我们通过各种渠道了解到建立一个基于消除所有类型浪费的生产系统是生存的唯一途径；KPS 项目在 1987 年启动，我是项目负责人。KPS 项目前三年的目标设定如下：

1. 将产品库存从目前的三个月减少到一个月。

2. 将生产周期从目前的三周缩短到一周。

3. 设备效率提高 50％。

4. 将纸质文件的数量减少到目前的四分之一。

实施 KOA 公司的生产方式

KPS 项目的第一个任务是简化和梳理运营和物流的跨职能流程。当时，物流分布在销售部门、计划部门、产品计划部门和工厂。这导致每个部门对产品的库存和交付没有明确的责任。因此，公司决定将所有的物流整合到工厂现场。

在此之前，所有的订单都由公司生产控制部门收集，该部门制定每日生产计划，并发送给工厂的各个工序。工厂根据指令生产产品并交付给产品控制科，产品控制科根据指令将产品交付给销售部门。

在现场，日常的生产指令并不总能满足实际需求，现场很少考虑顾客的特殊要求。即使推迟交付，现场也很少感到压力。计划、生产和运输由独立的部门执行，这造成了长期的交付延误。

这是 KPS 项目将订单接收和交付的职责从公司销售部门转移到工厂现场的原因。

产品库存管理的职责由产品控制科和销售部门共同承担，导致库存增加，产品报废。所以，公司决定启动“休克疗法”。

所有销售部门的库存要求放到公司的体育馆，所有销售人员把它们分为可销售和不可销售的物品，大部分都报废了。

这是管理层第一次认识到把订单从销售部门转到工厂是一

种简单的方式，他们希望这些订单最终在现场完成。这也是销售人员第一次认识到基于文件的管理系统和基于真实产品的管理系统之间的区别。

因为有大量库存，体育馆里的休克疗法不得不重复三次。这些经历使销售总监最终同意放弃销售部门的产品库存。

改善现场的物流和生产职能

以前，工厂生产的产品首先送到产品控制科，然后到销售部门，最后到顾客手中。在这个过程中，产品在每个地点轮流存放，需要 4～5 天的交货时间。此外，这种安排要求各单位之间交换信息并实际处理产品。

由于取消了销售部门的物流工作，从生产到交货的时间缩短至 2 天以内，销售人员减少了 30%，还增加了拜访顾客的时间。

在此期间，KOA 公司管理层得知，向日本企业提供导入丰田生产方式咨询服务的 PEC 咨询公司的代表山田仁（Hitoshi Yamada）有可能访问 KOA 公司，因此向他发出了邀请。山田仁来到 KOA 公司，参观了公司现场。离开前，山田仁给 KOA 公司的经理们留下一个问题："今天给顾客的出货时间表是什么样的?"没有人能回答。在那一天，公司的座右铭诞生了："制定今天的出货时间表!"

之后，山田仁和他的顾问团队访问了 KOA 公司，帮助公司实现这一座右铭，并安排 KOA 公司经理参加外部公开讨论会。

以下是 1990 年在日本东京由日本生产力中心组织的公开讨论会的内容。

第一期	
12 月 3 日（星期一）	
13:00—15:00	介绍
15:00—20:00	演讲：公司管理和丰田生产方式
20:00—21:00	幻灯片展示：丰田生产方式
21:00	交流会
12 月 4 日（星期二）	
8:00—14:00	演讲：识别与消除浪费
14:00—16:00	视频：丰田生产方式的精华
第二期	
12 月 5 日（星期三）/6 日（星期四）	
5 日 13:00—6 日 11:30	演讲：4S 和发现浪费
第三期	
1 月 16 日（星期三）/17 日（星期四）/18 日（星期五）	
16 日 13:00—17 日 11:00	教室：实现准时化生产
17 日 11:00—18 日 11:30	实践：通过过程改进消除浪费
第四期	
2 月 4 日（星期一）/5 日（星期二）/6 日（星期三）	
4 日 13:00—5 日 11:00	演讲：自働化和标准化作业
5 日 11:00—6 日 11:30	实践：通过作业改善消除浪费
第五期	
3 月 5 日（星期二）/6 日（星期三）	
5 日 13:00—6 日 11:30	实践：看板导入和消除浪费
第六期	
4 月 9 日（星期二）/10 日（星期三）	
9 日 13:00—10 日 11:30	实践：标准化作业和消除浪费

第七期	
5 月 14 日（星期二）	
13:00—18:00	展示自己所在公司的改善报告
18:00—21:00	考试
5 月 15 日（星期三）	
8:00—12:00	参观采用丰田生产方式的工厂
12:00—16:00	展示参与公司的改善成果

山田仁推广的丰田生产方式的基本理念是彻底消除浪费。山田仁告诉 KOA 公司的经理们，改善的起点是保持高昂的士气。他问 KOA 公司的经理们：

“早上你能以适当的方式问候同事吗？”

“大声真诚地问候？”

他回顾了以下要点：

- 行为必须迅速转化为行动。
- 从浪费的角度审视一切。
- 在现场中需要检查的是停滞、运输、搬运和行为。

他向经理、主管和现场领班提出以下问题：

- 你能发现浪费吗？
- 你能主动消除浪费吗？

以下是将要执行的改善项目清单：

1. 生产设备必须选择功能强、价格便宜、体积小、生产速度慢、生产批量小的。
2. 生产系统必须以顾客的完整订单和小批量作为基础。

3. 生产周期必须以小时为单位。
4. 生产现场必须有能够进行多技能操作的员工的支持。
5. 必须从生产现场将产品直接交付给顾客。
6. 交付条款必须由生产现场和顾客直接制定。
7. 现场的生产控制必须由现场员工实施，他们评估现场的条件并解决问题。

在实施KPS项目的第一阶段，KOA公司发生了以下变化：

1. 过去生产周期以周为基础并由计算机管理，周生产计划在每周的最后一天制定和发布。现在变成了日生产计划。因此，交货期（从制定生产计划到发货）缩短到10天。
2. 取消了基于预测的生产。
3. 作为改善项目的结果，生产管理产生巨大的变化，只在收到订单后才生产。
4. 销售部门的发货职能转移到产品分销中心，现在到了将发货职能转移到工厂的时候了。

这样一来，产品配送中心的功能只剩实物配送，其他职能转移到工厂，产品可以直接从工厂运送到顾客手中。因此，可以取消产品配送中心及其仓库。

KOA公司生产方式的变化

KOA公司通过引入丰田生产方式学到一个道理，不应该通过分工来经营企业，而应该在产品的基础上整合流动的概念，并简化管理者的职能。

如果生产和交付产品涉及多个运营单元，必然会导致重复控制，这不会增加任何价值，只会增加成本。然而，当顾客出现问题时，没有人能承担最终责任，只会增加公司的复杂性。

总而言之，以下是 KOA 公司生产方式在这几年间发生的主要变化：

1. 管理方式：由过程横向控制方式转变为产品垂直控制方式（由一名经理负责整个流程）。
2. 生产设备：由大型、高速、高科技设备转变为小型、低速、低价、功能性设备。
3. 生产系统：由预测生产（大批量、高库存）转变为依据订单生产（小批量、零库存）。
4. 生产周期：从按周生产转变为按小时生产。
5. 从单一技能的员工转变为多技能的员工。
6. 从生产控制转变为现场控制。
7. 从计算机控制转变为工人的常识控制。

以下是 KOA 公司管理层在今后几年为员工制定的提醒事项。它包含前面的内容，因为相同的信息需要一遍又一遍地重复：

1. 管理：在获得授权的经理的领导下进行产品层面的管理。

2. 生产设备应以功能为导向，体积小、速度慢、成本低。
3. 生产方式应该以所接收的顾客订单为基础，进行小批量生产。
4. 生产周期以小时为单位。
5. 生产现场由多技能的员工管理。
6. 从生产现场直接向顾客交付产品。
7. 交付承诺由顾客和现场协商确定。
8. 生产控制由顾客和现场协商决定。
9. 以下是提醒事项列表：
    - 改善士气
    - 制作流程图
    - 5S
    - 直线与湍流线
    - 周期时间
    - 均衡生产
    - 多工序培训
    - 基于产品的管理
    - 看板
    - 生产控制板
    - 人机作业分离
    - 线平衡

生产方式

1. 放弃基于预测的生产（大批量、高库存），引入依据订单的生产（小批量、零库存）。
2. 生产周期：
   - ▶ 从按周接收转变为按小时接收
   - ▶ 从按周生产转变为按小时生产
   - ▶ 从周一至周五生产转变为每日生产
3. 从培养单一技能的员工转变为培养多技能的员工。
4. 赋予现场生产控制的职责。
5. 放弃计算机控制。

第6章

横森制作所

横森制作所是日本主要的高层商业建筑和办公楼楼梯制造商之一。公司成立于 1951 年，在日本有 7 家工厂，在中国和美国有合资企业，拥有 400 多名员工。它为现今日本最高的建筑东京晴空塔建造了楼梯。

为横森制作所提供咨询

大约 15 年前，我的好朋友高桥贤治（Kenji Takahashi）应邀首次参观横森制作所（以下简称“横森”）的工厂，他发现各处都比较混乱。高桥贤治是日本首屈一指的管理顾问之一。他在组装楼梯的工厂里看到了成堆的金属板及附件。楼梯的钢架重达一吨。工厂里到处都是成堆的楼梯部件和它们的附件。

他观察到，所有操作人员把 70%的时间花在用起重机和叉车搬运这些部件上，他们总是在寻找多余的空间存放这些部件。由于没有多余的空间，他们不得不将现有的物品移到其他位置来创造新的空间。

然而，当总裁有明利昭（Toshiaki Ariake）决定花 3 000 万日元建造一个新的自动仓库时，高桥贤治立刻建议他取消订单。

他认为横森应该引入现场改善活动，他知道公司所有问题的根本原因是高层建筑楼梯的最终装配和工厂楼梯生产活动之间缺乏协同。

他告诉有明利昭，现场改善的引入可以减少在产品和库存，并提供足够的开放空间，操作人员不需要一直寻找空间。有明利昭告诉他，如果工厂里没有堆放足够多的金属板，他就会感到害怕，看到到处都是金属板，他就放心了，因为他认为这是良好生产能力的标志。

高桥贤治告诉有明利昭，他的费用是 25 万日元/天，在接下来的 10 年中，他每个月免费来横森工厂一次，这相当于节省 3 000 万日元的建设费用，有明利昭欣然接受了他的建议。

签署协议的两个条件

与总裁有明利昭和总经理门井由典（Yoshinori Kadoi）签署协议时，高桥贤治提出两个条件：一是取消自动仓库的建设；二是每次他来的时候总裁和总经理务必陪同。如果总裁因不可抗力不能到场，总经理必须一直在场，否则他将立即离开。

从那以后的 15 年，高桥贤治每个月都会抽一天去横森的现场。他认为，如果横森管理层有一项紧迫任务要做，那就是启动现场改善活动，减少在产品和库存，这样就不需要自动仓库了。

他清楚地认识到，所有问题的根本原因是缺乏生产流动，特别是横森的 7 个工厂的生产活动和高层建筑楼梯装配之间缺乏协同。

当高层建筑开始施工时，楼梯的装配并没有同步进行。每栋建筑都有几个楼层是共用的，如商店、餐厅、零售商店和低层办公室。因此，一楼和二楼的楼梯需要与其他楼层有不同的结构。此外，在某些情况下，特定楼层的租户要求给楼梯增加额外的功能。

在横森的生产中，流动、同步和均衡的概念完全被忽略了。特别是，组装金属楼梯的工厂和生产金属楼梯的工厂之间没有形成流动。

咨询的目的：形成生产流动

高桥贤治的策略是在工厂中形成一个从最初设计到楼梯装配的完整流动过程，以建筑楼梯的装配计划为起点。高桥贤治首次参观工厂时，工厂有很多库存，没有形成平稳、持续、快速的生产流动。

高桥贤治立即意识到需要在横森内部推动管理意识变革，并改变公司的经营方式。

高桥贤治的咨询步骤如下。

引入均衡生产和流水线

1. 在工厂中，金属板必须按照高层建筑现场楼梯装配工作的顺序逐个生产。
2. 禁止在工厂作业过程中改变原有的楼梯设计。
3. 质量必须在工厂生产过程中而不是在高层建筑装配过程中得到保证。否则，就需要在现场装配时返工，这比在工厂里返工要花费更多的时间和成本。
4. 最重要的是，横森必须认识到，生产过剩是制造不必要库存的根本原因。
5. 简单地说，精益生产的目的是消除生产过剩，并将在产品和库存降到最低，以便顾客（在组装工厂）可以在他们需要的时候，收到所需数量的产品。这意味着一次只生产一件产品。为了实现这一目标，必须在生产时间、顺序和数量方面满足顾客（即从事楼梯装配工作的作业人员）的要求。均衡生产，即逐个生产是实现这些目标的手段。

均衡生产

均衡生产是指在设计、生产和装配的全部过程中，尽可能平稳地平衡生产的规模、数量和时间。

设计、生产、装配作业包含很多职能和工序，而均衡生产的引入可以使生产全过程形成一个平稳的流动。

之前，横森在进行组装作业前一直保有库存。一旦必要的物品在工序之间准时到达，生产的平稳流动就实现了。一个典型的例子是，以前在印版上打孔和切割印版之间的生产线不平衡，均衡生产的引入使得在印版上同时进行这两种作业成为可能。

另一个例子是，以前在钢板上打孔和焊接钢板是两项独立的作业，而现在可以在同一个钢板上进行。

在高桥贤治为横森提供咨询后，公司花了一年的时间才实现这一点，又花了一年的时间在减少库存和形成平稳生产流动方面得到显著的改善。此前，仅金属材料的物流费用就高达每月数百万日元，经过两年的改善，现在已降至每月 100 万日元。

第三年之后，横森开展了以下活动：

1. 在每一道工序中，对生产线节拍时间和生产的产品数量进行标准化。
2. 把从上一道工序接收材料的正常做法颠倒过来，下一道工序向上一道工序索取它需要的东西，从而简化程序。
3. 采用小批量生产，实现平稳的生产流动。

为了完成这些任务，横森引入以下项目：

1. 为操作人员提供培训和教育课程，使他们能够从事更多的作业。为了进行小批量和单件流生产，引入“成套”生产模式。

2. 为了减少操作人员的失误和遗漏，提供培训课程，并引入自働化。自働化是指改进机器的机理，使机器在运行结束或出现异常时能够自动停止。

3. 改变布局，以实现生产流动。引入“下一道工序是顾客”和“质量保证改善”的概念。

高桥贤治常说“下一道工序是顾客”，意思是在众多的生产工序中，应该把下一道工序看作顾客，换句话说，前一道工序应该向后一道工序保证质量、成本和交付。

高桥贤治刚到横森工作的时候，横森的做法与上面提到的观念正好相反，下一道工序必须处理上一道工序不完美的工作，并且需要进行大量返工，这增加了整体的运营成本。

从流程的角度来看，生产过程可以分为加工、检验、搬运和等待。

搬运是指物料在工序之间的移动和改变物料的位置。等待不涉及任何加工、检验和搬运，只消耗了时间，没有增加任何价值。

在高桥贤治到来之前，由于每个楼梯重 1 吨，操作人员一直使用起重机和叉车来运输楼梯部件。对于其他重量较轻的金属件，他们也习惯使用相同的起重机。高桥贤治引入手推车，使焊接、加工、组装等工序的材料搬运更加高效，每月可减少300 万日元的运营成本。

从单元式到流水式的转变

传统上，横森的机械加工作业会给每个操作人员分配一台机器。这种作业方式浪费了机器工作时的等待时间。为了减少这种浪费，他们按照作业顺序重新安排了机械加工作业，并产生了训练操作人员成为多技能员工的想法。

此外，随着小批量生产的引入，大批量生产中生产线不平衡的缺点暴露出来。

因此，单件流和小批量生产的想法诞生了，这意味着同一名工人要完成多项加工任务。换句话说，工人将在几台机器之间移动。为了达到这个目的，培训工人变得更加必要。

如果管理层试图强迫工人从事额外的工作，很可能会引起现场工人的负面反应。为了应对这种反应，并培养工人的竞争精神，公司让工人参加了几次外部培训。培训现场展示了每位工人所能掌握的技能清单。

5S 和目视化管理

引入精益的基本条件之一是现场进行目视化管理，以识别问题区域，这意味着工人需要在现场坚持观察各项活动，同时引入系统化的策略，如均衡生产和流程管理。

关于 5S 活动，强调以下几点：

- 不要堆放材料。
- 找时间扔掉不需要的东西。
- 规范存放物品的地方。
- 纪律的意思是遵守已经达成的约定。
- 具体来说，执行以下改善措施：

  1. 用不同颜色分隔工作区域和通道。
  2. 明确指定存放物品的地方，让每位员工都能明白。
  3. 把脚轮固定在现场的手推车上，这样就很容易移动车间里的所有物品。
  4. 不要把零件和工具箱放在腰部以下，以防止背部扭伤。
  5. 为所有机器、设备和工具贴上姓名标签、内容和工作说明。
  6. 将每台机器的工具单独分开，以便取用和储存。

高桥贤治引入一系列的现场改善活动，包括 5S、均衡生产、实现流动、减少重铁板的搬运，以及操作人员的多技能培训。

横森的工厂遍布日本各地，每家工厂生产几种用于建筑楼梯最终装配的部件。但没有一家工厂能生产出现场装配所需的整套零部件。这也是它们有这么多存货的原因之一。这种状态已被改变，所有的工厂都能生产最终装配所需的全部零部件，以节省运输成本。

2012 年，大地震和海啸袭击日本西北部地区，该地区的三家工厂关闭。多亏新的安排以及多方共同努力，横森得以按时交付楼梯。

高桥贤治最近去世了，横森的总裁很怀念他每月的指导、与他进行的关于公司进展的谈话，以及高桥贤治从日本乃至世界各地带来的最新报告。

第 7 章

丰田和大野耐一

现在管理层热衷于为员工提供各种解决问题的工具，如统计工具、六西格玛（six sigma）和流程再造，希望他们走出去，寻找问题，并利用这些工具解决问题。然而，这种方法就像把马放在马车后面。解决问题的第一步应该是确定要解决的问题，然后选择合适的工具来解决这些问题。

从传统运营转变为精益运营

从传统运营转变为精益运营需要解决大量的作业问题，解决这些问题并不需要任何先进技术。在发现问题之前教授如何使用工具是浪费时间、精力和金钱，而且是一种巨大的浪费。如果我们参观现场、查看流动情况，就会发现大多数问题产生于流动过程的异常。

现场有三种解决作业问题的方法，即标准化、5S、消除浪费，如果不嫌麻烦去现场仔细查看一番，就可以发现流动中的大部分问题。现场需要的是外行的常识，而不是最先进的技术。

在现场，另一种解决问题的方法是从流动、同步和均衡的角度来评估作业。

大野耐一的格言“五个为什么”是另一种识别和解决问题的方法。这并不意味着坐在会议室的椅子上简单地重复五遍“为什么”。团队需要做的是找出解决方案，如果第一次失败了，就问第二次“为什么”，并重复这个过程，直到找到根本原因。因此，“五个为什么”是一种不找到根本原因就不放弃的心态，它不涉及复杂的技术。

丰田生产方式是如何诞生的

丰田生产方式不是一夜之间诞生的。它可以追溯到丰田佐吉（Sakichi Toyoda）的时代。在那个时代，丰田佐吉最著名的身份是自动织机的发明者，他也是丰田自动织机有限公司的创始人。丰田汽车公司的前身就是这家公司。他的儿子丰田喜一郎（Kiichiro Toyoda）创立了丰田汽车公司。1930 年，丰田佐吉临终前对儿子说：“我用自动织机为国家服务，你应该用汽车为国家服务。”

从那以后，丰田在几代人的管理下形成了今天广为人知的丰田之道、丰田生产方式、准时化（JIT）生产和精益生产系统。

在这本书中，精益生产或简单的精益是指丰田生产方式和精益系统。

大野耐一出生于 1912 年。他的父亲大野一佐（Ichizo Ohno）是日本中部地区的一名工程师出身的政治家，曾担任刈谷市市长、爱知县议会议长，最后成为日本国会议员。

大野一佐协助丰田纺纱公司和丰田自动织机有限公司在刈谷市选址。

第二次世界大战期间，政府强制丰田纺纱公司与丰田汽车公司合并，大野耐一被调到丰田汽车公司工作。

第二次世界大战日本投降后第二天发生的事情

1945 年 8 月 16 日，也就是第二次世界大战日本投降的第二天，丰田汽车公司的创始人、时任总裁的丰田喜一郎召集全体员工，宣布："我们必须在 3 年内赶上美国汽车工业。否则，我们将无法生存。"

大野耐一当时是丰田汽车总厂机械加工部门的负责人，他将总裁的要求铭记在心。从那一天起，他开始了寻找汽车生产新运营模式的旅程。

早些时候，大野耐一曾被告知，美国的生产率是日本的 9 倍，但他不相信人的能力存在 9 倍的差距。他想知道这种差距是否来自组织的运营效率和生产能力。

由老亨利・福特（Henry Ford Sr.）开发的装配流水线的福特模式代表当时典型的美国生产方式。这是一种大规模生产方式，通过追求数量和速度来满足顾客对汽车无穷无尽的需求。实现这一目标的主要手段是使用昂贵、高速的机器，它可以实现大规模产品生产。这样的系统并没有过多地关注人的能力，机器自身的能力成为评估总体生产能力的主要因素。

在福特模式中，总装线被设计为流水形式，各种零部件同时送到总装线一侧。这种革命性的大规模生产理念大大提高了装配效率，满足了人们日益增长的对大规模生产汽车的需求。

然而，福特模式的流水线生产方式仅应用于最终装配环节。其余的作业采用批量生产方式，人们认为这样可以使材料的单位成本最小。福特模式只在最终装配环节实施，导致其他环节的生产成本过高，库存巨大。然而，随着市场的快速扩张，美国汽车制造商正以几乎无限的财力享受他们的全盛时期。

20 世纪 40 年代后期，日本汽车工业准备恢复生产。市场很小，而且丰田的财务资源有限。大野耐一发现，顾客的订单品种多、批量小，这导致生产调度频繁变化，现场产生大量的库存。为了实现丰田喜一郎设立的目标，大野耐一的任务是开发一种方法，以最少的库存实现人类生产能力的巨大飞跃，并赶上美国汽车工业。

如上所述，在那个时代，生产能力一词通常指机器的能力，大型高速机器受到青睐。但大野耐一认为，生产能力应该以人与机器结合的能力来衡量，而人的生产能力应该是改善的首要目标，因为车间内每时每刻的工作都是由人来完成的。

至于机器，他认为已经支付了它们的成本，因此没有必要生产过剩的库存。

多机操作

当时，大野耐一是机械加工部门的负责人，为了赶上美国汽车工业，他首先尝试的是引入多机操作。那时，丰田的机械加工工厂是按照典型的美国方式布置的，也就是说，相同类型的机器，如车床、铣床和压力机，都集中安装在车间，每台机器都有一个操作人员。

在观察车床操作人员的作业时，他注意到每个操作人员在作业间隙都有很多空闲时间。大野耐一尝试把另一台车床分配给操作人员，并使用各种方法为操作人员在第二台车床上工作创造额外的时间，比如把两台车床放在一起，以缩短在两台车床之间行走的时间。当操作人员能够兼顾两台车床时，大野耐一给了他第三台车床，很快操作人员就可以兼顾四台车床了。

他回忆说，战争年代，他在丰田纺纱公司工作时，日本纺织业经常采用同时操作多台机器的方式，女操作人员在织机之间更换纱锭。在日本，雇用年轻的未婚女性从事纺织工作是一种习惯，她们有时会穿着溜冰鞋在织机间奔跑。因此，把多台机器分配给一位操作人员的想法对他来说并不陌生。然而，这可能是世界上首次在机械加工行业尝试这种方式。

通过这项初始工作，大野耐一意识到每台机器的能力和运行速度不同，这使得不同机器之间的操作很难保持平稳顺畅。

衰退

1950 年，日本出现战后第一次经济衰退，丰田面临严重的财务问题和劳资纠纷。劳资双方每天都举行会议，大野耐一被选中站在讲台上，并被工会指控剥削劳工，试图给工人分配更多的机器。但他丝毫没有退缩，站出来反对这些指控，解释说为了公司的生存，有必要将浪费从每个人的工作中剔除。有激进分子发誓要用扳手打他的头，大野耐一来到现场，没有戴安全帽，这表明他并不害怕。按照丰田的制度，每个经理都应该在车间戴安全帽。

在争端的初期，丰田喜一郎承诺不会解雇任何人。然而，随着财务困境的加深，丰田不得不向银行财团寻求帮助，财团要求丰田解雇员工。

丰田劳资纠纷最终以减薪 10%和解雇 1 600 名员工的方式结束。另外两家日本汽车公司，日产和五十铃当时也解雇了员工。

大野耐一看到许多熟悉的面孔离开，许多未售出的车辆留在院子里，这坚定了他的决心，一方面要大幅提高生产能力，另一方面要大幅减少库存。从那时起，他开始说，库存是祸害，会毁掉公司，生产过剩是最糟糕的浪费。

大野耐一必须提高人均生产能力还有另一个紧迫的原因。具有讽刺意味的是，就在劳资纠纷得到解决、许多员工离开公司之后，朝鲜战争在 1950 年 6 月爆发了，驻日美军订购了大批卡车。由于与银行财团签订了协议，丰田无法重新雇用已经离开的员工，只能通过提高剩余员工的人均生产能力满足大幅增加的订单。（顺便说一句，日产和五十铃在这期间迅速召回了离职员工，但丰田因与银行签署协议，未能召回离职员工。）

多工序操作

在机械加工车间引入对同一类型机器的多机操作后不久，大野耐一意识到每台机器都有不同的运行时间和速度。因此，开始引入下一步，即多工序操作，一名操作人员以相同的节拍时间来管理多台不同工序的机器，以保持连续的作业流程。从事多工序操作的人员必须能操作多个不同的工序，而多机操作的操作人员需要兼顾多台同一类型的机器。

在引入多工序操作的过程中，大野耐一意识到，为了保持作业的平稳流畅，必须解决几个问题。在引入多机器操作时，他已经认识到，即使是同一类型的机器，能力和运行速度也不同。为了保持一个恒定的作业速度，操作人员的作业必须标准化，这促使他建立了工序从开始到结束的标准化作业，以保持一个平稳和连续的作业流程。

引入标准化作业还有一个原因。由于许多工人在劳资纠纷和罢工期间离开，那些没有现场经验的工人被转移到生产线上工作，需要接受培训。

多工序操作的引入是世界上首个在制造过程中尝试流动概念的案例。

假设有一个特定的流程，需要几台不同的机器来完成，每台机器有不同的能力和处理速度。为了解决这一问题，大野耐一在设计新流程时设定了以下条件：（1）确保不同的机器能够连续不间断地运行；（2）在同一流程中，所有机器能够保持相同的节拍时间。节拍时间指加工的速度。

为了满足这些条件，不同的机器以相同的加工顺序排列，以保证生产的平稳流动，同时，引入标准化作业，使整个生产线保持一致的加工时间。但大野耐一也意识到，操作人员必须一直待在机器附近，以处理机器出现的任何异常。因此，他一直在考虑设计一种特殊的装置，可以在机器出现异常时立即停止机器，这样就不需要操作人员守在每台机器旁。

大野耐一说，“自动机器”是指在作业结束或出现异常情况时就会停止的机器。那时，美国生产限位开关，但价格太贵了，无法安装在丰田的每台机器上。如果这个问题没有解决方案，就无法给操作人员分配不同类型的机器，实现多工序操作。

大野耐一的第一个徒弟铃村喜久（Kikuo Suzumura）过来帮他。铃村喜久的想法是在每台机器上安装一个显示“开/关”的开关，而不是限位开关。铃村喜久比大野耐一年轻几岁，曾与大野耐一在同一所大学学习，并在其指导下在机械加工部门工作，协助大野耐一在现场进行试验。铃村喜久在大学期间曾练习过相扑，他的声音和体格很有威胁性，这与他作为首席突击队员在现场推动大野耐一的工作非常匹配。

1947 年，多工序操作在变速器装配线上实现了，这条生产线的操作人员从之前的 15 人减少到 2 人，大野耐一认为他可能在人均生产能力方面赶上了美国汽车工业。

多工序操作的引入是大野耐一第一次努力实现平稳和不间断的流动。可以说，多工序操作是自 20 世纪初老亨利·福特的装配流水线以来引入流动方式的第一次尝试。

大野耐一还注意到许多不同类型的流动，如物料流动和信息流动。物料流动从上游（原材料）流向下游（产品），而信息（顾客订单和生产指令）流动是双向的。此外，还有订单处理和操作人员的移动等。大野耐一认为，通过消除各种障碍，实现平稳、快速和不间断的流动，是建立一个将生产成本、在产品和产品库存降至最低的理想生产系统的最佳途径。

早年在大野耐一手下工作的人都记得，他每天都会来到现场，观察操作人员的工作并说：“一定要建立流动！”“让你的工作看起来是流动的！”他还会说：“主管的工作不是控制操作人员的工作，而是让每项工作流动起来。”

准时化和丰田喜一郎

大野耐一发现，由于工作量分配不均和生产订单随机分配等原因，流动会中断。他被提升为总部工厂的总经理后，就着手在机械加工车间和总装线之间引入流动。

那时，装配线在月初没有足够的零件，只能等到所有的组装零件都运到车间。因此，月初的工作进度比较慢，到了月底，组装工作才正式开始。在日常工作中，一些生产线繁忙，另一些生产线则几乎没有工作可做。换句话说，他在工厂各处看到了许多流动中的不一致和波动。在他看来，生产控制部门认为库存是必要的，甚至认为这是制定生产计划的手段，他发誓要改变生产控制部门的传统思维，彻底消除库存和仓库。

在当今成熟的市场中，企业需要满足在产品类型、数量、交货日期和季节性方面多样化的顾客订单。

大野耐一认为，必须重新设计传统的生产方式，从生产开始到结束全程贯彻流动概念。他把顾客订单作为所有作业的起点，收到顾客订单后开始作业，然后直接转发给上一道工序，最后转发到起始工序，即原材料。这样，在收到顾客订单时，生产订单就可以逆流而上，直达生产的起点，即原材料。通过这种方式，顾客信息将流向上游，无须在每个阶段发布生产订单。

在传统的方式中，生产顺序从原材料工序开始，向下流动到最终装配工序。

他认为，顾客订单到达公司后，应该直接转向最终的装配工序，并向上游流动，直至到达原材料工序。

当大野耐一正考虑如何整合物料流动和信息流动，以保持顾客订单和生产计划之间的平衡时，他从丰田喜一郎那里得到了灵感。丰田喜一郎是丰田佐吉的儿子，现在是丰田汽车公司的创始人和总裁。丰田喜一郎首先提出“准时化”概念，并把它作为理想生产方式的基础。

据报道，丰田汽车公司刚建立新的装配厂时，丰田喜一郎在一张大纸上用加粗的字体写出“准时化”，并将其粘贴到墙上，他告诉经理，“在汽车业务中，所有必要的零件必须准时送到组装厂。即使你晚了一秒钟，也会赶不上火车。”在其他场合，丰田喜一郎也曾公开表示：“准时化意味着在不造成整个生产过程停滞的情况下，尽量减少材料流动过程中的浪费和过剩。这应该是提高汽车生产效率的第一步。”

丰田喜一郎在英国的经历

1922 年，丰田喜一郎拜访了英国优秀的纺织机械制造商普拉特兄弟公司（Platt Brothers）。那年他 28 岁，刚从东京大学机械工程系毕业，进入丰田纺织机械公司。他的任务是去普拉特兄弟公司观察两周的工厂运营情况。

在逗留期间，他根据在工厂的观察，做了许多笔记和图画，这构成了 28 岁的丰田喜一郎对当时普拉特兄弟公司车间实际状况的生动回顾。

在去奥尔德姆（普拉特兄弟公司总部和工厂所在地）的路上，他错过了火车，因为他看的是一份过时的时刻表。在奥尔德姆的最后一天，他又误了火车。他原计划到伦敦迎接从日本来的妹妹雪子（Yukiko）和妹夫丰田里三郎（Risaburo Toyoda，时任丰田纺织机械公司总裁），但由于在普拉特兄弟公司举行的告别派对比预计的时间长，他又错过了火车。

当丰田喜一郎在丰田汽车公司的装配厂成立时写下“准时化”时，他可能想到了在英国发生的这些事情。

“准时化”这个词对大野耐一来说是一个启发。他将准时化的概念不仅扩展到最终装配过程，而且扩展到整个供应链管理过程，起点就是顾客订单。

大野耐一进一步定义了准时化的三个组成要素：材料、时间和数量。他说准时化的意思是提供需要的东西（材料），在需要的时候（时间），以及需要多少就生产多少（数量）。“需要多少就生产多少”的意思是一次只做一件，完成整个生产过程最好的方法是一次做一件，以消除流动中的停滞和波动。

他认为装配线的最后一步是信息流动的起点（顾客订单），也是物料流动的终点。由于装配过程有一系列的上游工序，所以每个前工序都必须满足后工序的准时化要求。换句话说，每个工序都是供应商（前工序）和顾客（后工序）之间的交汇点。他认为，如果最终装配在节拍时间内只生产顾客要求的数量（仅一辆车），那么每个前工序（上游）只需要生产被后工序（下游）“拉动”或后工序也消耗相同数量（仅一个单位）的产品。

通过这种方式，信息（顾客订单）将不间断地流向上游，最终到达起点——原材料。

日本的车间里有一种说法，下一道工序就是顾客。它揭示出每一道工序与前一道工序和后一道工序都具有顾客-供应商关系。在 A，B，C 三个连续的工序中，以 B 工序为例，A 工序是供应商，C 工序是从 B 工序处接收加工完的材料的顾客。因此，B 工序应尽力向 C 工序提供高质量的产品。以最终工序作为起点的顾客订单，将以准时化的方式向前面的工序移动。

在传统方式中，每一道工序都尽可能多地生产，而不管下一道工序是否需要。这种方式被称为“推动系统”。

相反，如果下一道工序被视为顾客，那么前一道工序就应该被视为供应商。前一道工序应该只提供下一道工序（顾客）所消耗的量。这种方式被称为“拉动系统”。

因此，精益方法中的所有工序都是通过拉动-流动关系连接起来的，生产的起点是顾客订单。而在传统方式中，每一道工序都尽可能多地生产，并将它们送到下一道工序。因此，我们可以说精益企业实践的是拉动系统。

大野耐一将传统的推动系统改为精益拉动系统。准时化的概念最初是在丰田的车间里实施的，后来延伸到丰田的供应商。

如果每个订单在单件流的工序之间及时到达，那么就不需要在每个工序中都有一个主管来给出指示。最大的问题是如何整合物料流动和信息流动，并弥补生产计划和顾客订单之间的缺口。

超市的方法

有一天，大野耐一听说美国的超市会在第二天补充准确数量的商品。顾客取走的商品第二天就会补上，这样就没有必要在货架上塞满多余的商品。超市的这种方法给了大野耐一一个提示，为了保持工序间材料的稳定流动，他进行了一个小实验，在机械加工和最终装配工序之间尝试超市的方法。

在机械加工车间，他设计了一个装有脚轮的容器，并将四组装好的部件放置在容器上，将它们送到下一道工序。然后，用完的容器将被送回机械加工车间。在容器被送回之前，大野耐一会敦促操作人员，“在容器送回前不要开始生产”，这意味着返回的容器是重新开始生产的信号。甚至在开始生产后，也不允许他们生产超过四个单位的部件。由于操作人员已经习惯了尽可能多地生产，“这在他们中间引起了巨大的恐慌，就像在现场投下了一颗原子弹”。

不过，大野耐一并没有在美国亲眼看到超市的方法。

财务重组和运营重组

传统运营系统和精益运行系统的优势在经济衰退时期得到最好的体现。每次经济衰退时，传统企业都会因为订单的大幅减少而被迫调整生产计划，但由于生产的交货期长，无法快速更换模具，传统企业无法落实这一计划。

一旦经济衰退结束，需求再次活跃，企业就会开发出新车型，以刺激销售，与老车型竞争，竞争手段是老车型大幅降价和增加经销商奖励。

因此，每次经济衰退都会给传统企业带来沉重的打击，耗尽它们的财务资源。

在 20 世纪 70 年代的石油危机期间，丰田的精益生产方式引起了公众的注意。在日本汽车行业中，丰田为应对订单的大幅减少，率先削减了生产计划，在其他竞争对手都出现亏损的情况下，丰田依然保持盈利。当经济衰退结束，需求恢复时，丰田再次成为第一家全面恢复的企业。

据说，石油危机期间，丰田工厂附近的主要供应商在引入丰田生产方式时获得了指导。然而，丰田在东京周边关东地区的供应商由于与丰田距离较远，没有学习丰田的做法。在石油危机期间，丰田工厂附近98%的供应商都能盈利，而关东地区98%的供应商都报告亏损。

简而言之，传统运营系统是一种昂贵且危险的业务模式，无法满足多样化的顾客需求和时代变化的趋势。

毫不夸张地说，传统企业在日常运营过程中遇到的几乎每一个问题，如运营成本高、生产周期长、库存多、质量问题多、员工士气低落、财务业绩差，都是它们采用的传统体系造成的。

大野耐一访问美国

访问美国汽车公司时，大野耐一注意到，与他的预期相反，美国公司正在“尽最大努力阻止流动，并在各处构建巨大的障碍”。

他走访了美国的超市，证实他的做法是正确的。他松了一口气，因为他发现美国“三大”汽车公司并没有这样做。他一回国就召集了在他指挥下引入流动的“少壮派”，并宣布：

在美国期间，我参观了超市。我发现现场没有员工。顾客在入口处拿起篮子，把他们想买的东西放在篮子里。他们在收银台付完钱就出去了。

我决定在我们的生产中应用超市的方法。

他的徒弟没有一个去过美国，他们也没有听说过超市，不知道大野耐一在说什么。最后，视大野耐一为统帅的铃村喜久说：

“统帅，超市里有你想买的任何东西吗？”

“是的，有各种各样的东西。”

“现场没有员工吗？”

“没有，除了收银台的几个人，现场没有人。”

“所以，没有人在监视你。你可以往篮子里放任何东西吗？”

“当然。”

“那么，如果你吃了商店货架上的东西会发生什么呢？”

“你这个白痴！美国是绅士的国家。没有人会干这种事！”

当时日本还在战争的创伤中蹒跚前行。由于铜合金在市场上卖得好，仓库里的备用零件有时会丢失。因此，铃村喜久的问题并非完全不合时宜。

超市的方法需要开发许多新的任务，如标准作业、均衡生产、看板、自働化和供应商的参与。

标准作业

大野耐一曾说过，标准是改善的基础。“开展工作的最佳方式是以标准为基础，并加以改进。无论一个人工作有多努力、多快，没有标准，就无法知道是否有所改进。没有标准，就没有改善。”

没有标准，就没有办法区分正常和异常。

在发生劳资纠纷之前，机械车间的现场由经验丰富的工人管理，他们根据多年的个人经验承担监督职责。在劳资纠纷期间，很多人离开了公司，车间没有足够数量的主管。为了填补这一空缺，许多新入职的大学毕业生被派往现场。

回想起标准作业在丰田纺纱公司和电装公司（它们都属于丰田集团）进行的实践，大野耐一把这些年轻人送到这些公司学习如何开发和管理汽车领域的标准作业。

在大野耐一和铃村喜久的指导下，这些年轻的大学生迅速掌握了新的方法，这些年来，随着他们在丰田内部地位的提升，他们在传播新方法方面发挥了至关重要的作用。在丰田工作多年后，他们中的许多人被派往丰田主要供应商处担任高层职位。

标准作业是指将作业过程中的人、机器和材料（3M）进行优化组合，它已成为用来减少流动过程波动的工具，同期还开发出了准时化生产、均衡生产、看板等工具。

在丰田内部，操作人员工作台前显示的标准作业，已经成为一种永无止境的改善工具。标准作业不是一成不变的，它需要不断改进。应该认识到，标准作业规范了操作过程中产生的浪费，因此，主管的任务是在日常工作中识别和消除这种浪费。标准作业已经成为识别现场改善机会的工具。在随后的几年里，标准作业包括生产周期、作业顺序和在产品数量。

据报道，后来丰田将生产方式扩展到海外工厂，并让当地操作人员参与标准作业的准备工作，他们的士气大大提高了，因为他们从未被邀请参与制定自己的标准作业。

以顾客为中心的方法

精益战略的最终目标是什么？实施精益作业是为了谁的利益？答案是明确的：满足顾客对质量、成本和交付（QCD）的更高目标的要求，获得他们的信任，并确保企业长期可持续发展。它的目标不是击败竞争对手，而是赢得客户的信任，提供更好的 QCD。由于精益方法重视顾客，因此它被称为“面向市场的方法”。

精益始于在设计产品时识别并确定顾客的需求和愿望。如果企业目前的技术水平无法满足顾客的期望，管理者就必须想办法开发技术。这种方法称为质量功能展开（QFD）。精益确实是满足顾客期望的系统化方法。

另一方面，传统企业采用产品输出的方法，利用现有技术设计和生产产品，并以功能绩效而不是运营卓越为目标。

传统方法建立在生产数量和速度可以实现最低运营成本的神话之上。但是，它导致运营成本高、质量问题多、库存多、生产周期长、员工士气低落，难以满足交付要求。

准时化方法与传统的神话相反，它认为最好的起点是顾客订单，而不是销售预测，它只生产所需的订单，只交付顾客订购的产品。

第 8 章

丰田佐吉

戴维·S. 兰德斯（David S. Landes）在1998年出版的《国富国穷》一书中写道：

> 传统叙述对1868年明治维新以来日本取得的成功和快速工业化充满赞誉，但同时也掺杂着对其阴沉而强烈的民族主义的厌恶——这种无情的驱动力赋予了发展过程以意义和紧迫性。日本是第一个实现工业化的非西方国家，直到今天，它仍然是其他大器晚成的国家的榜样。其他国家把年轻人送到国外学习新方法，结果却失去了他们；日本精英回到了家乡。其他国家引进国外技术人员来教育本国人民；日本人基本上是自学的。其他国家进口国外设备，并尽力使用；日本人自己改造，持续改进，最终实现自己制造设备。

如果让我说出一个最能代表明治维新时期狂热精神的日本年轻人的名字，那一定是丰田的创始人丰田佐吉。

明治维新时期的青年

丰田佐吉出生于1867年，他的父亲丰田英一（Ikichi Toyoda）

是一个农民，在日本中部滨名湖附近的村庄里从事木工工作。他出生一年后，明治维新开始了，将封建的幕府政权转变为近代的明治政府，打开了日本向西方开放的大门。

在明治维新时期，许多西方思想和商品涌入日本，鼓舞了许多雄心勃勃的年轻人。

小学毕业后，丰田佐吉一边帮助父亲务农和做木工，一边梦想着如何为国家服务。他对机器产生了特殊的爱好，好几次离开家去参观工业展览会和新工厂，观察西方的机器。

那时候，村里每家都有一台手工驱动的木制织机，上了年纪的妇女在织机上工作很长时间以赚取微薄的收入。他会站在农民的菜园里看她们干活，有时还会站在旁边看她们干活，直到完全弄懂织机的工作原理。

1885 年，一部新的专利法通过，丰田佐吉决心发明一种新的织机来为国家服务，这种织机将减少老年妇女繁重的劳动。他逃避田里的工作，躲在一间放农具的小屋里，幻想着织机的原型。

村民们看到他在做白日梦就嘲笑他，甚至把他当成怪物和疯子，但他继续研究织机的模型。虽然丰田佐吉只读了六年小学，但他能自学，他通过阅读报刊来跟上时代的变化。晚上，他会和亲密的朋友们见面，讨论国家的未来。

国际博览会和第一项专利

1890 年，当丰田佐吉听说东京要举办第三届全国工业博览会时，没有什么能阻止他去那里看一看。

博览会展出了大约 1 700 台外国机器，丰田佐吉连续两周每天都去机器馆参观，直到警卫开始怀疑并质询他。据说丰田佐吉这么回答："看，这些都是西方制造的机器，没有日本制造的。我的志向是开发出具有日本精神的由日本人制造的机器，并将它传播到全世界。"

同年，他完善了他的第一个发明，一台木制手动操作的织机，这个发明于 1891 年获得专利。

他余生致力于开发改进版的织机，从最初的由脚驱动的木制织机到由木头和铁制成的手工驱动的织机，然后是手工驱动的铁制织机，再到马达驱动的铁制织机，最后是完全自动化的铁制织机。他还发明了许多织机的辅助装置。

在没有接受高等教育和专业技术知识的情况下，他的工作主要基于自己的观察、一系列的实验和对所开发模型的确认。

丰田自动织造公司和自働化

1911 年，丰田佐吉创建了丰田自动织造公司，安装了自己发明的织机，生产棉织品。这家公司有两个目的。第一个是筹集足够的资金支持他的发明。第二个是利用工厂测试和确认他的新发明。

丰田佐吉在工厂的场地上建造了自己的房子，不仅与家人共享，还与员工共享。他整晚都把自己关在楼上的书房里，思考自己的发明，白天在工厂的机器上测试他的发明。

之后不久，他发明了马达驱动的木制织机，第一台织机于1898年获得专利。1899年，日本纺织业的一位主要评论家采访了丰田佐吉，并做出如下评论：

> 我发现丰田佐吉并不满足于发明手工驱动的木制织机：他把自己的目标设定为开发动力驱动的铁制织机。更重要的是，他已经在谈论接下来的计划，即开发全自动织机。

很明显，他的崇高理想是为国家的工业服务，而不是获得个人荣誉。

与此同时，由于认识到纱线质量的重要性，丰田佐吉还着手发明新的自动纺纱机。他一生共获得了120多项专利，都与织造有关。他的生活方式的特点是永无止境地进行研究和创新。

他的织机为日本纺织业的发展和出口做出了巨大贡献，因此他被授予政府奖。丰田佐吉的座右铭是利用日本人的智慧和技能，走在时代的前面。

他的自动织机的特点之一是当线被切断时会自动停止运行。织机运行意味着织机一切正常。这个概念后来成为丰田生产方式的一个重要特征，称为自働化。由于普通的自动化机器没有自动停止的装置，所以机器运行时需要操作人员在场。机器自働化极大地促进了人均生产率的提高，因为它使操作人员在机器运行时不必观察机器，可以从事其他活动。

丰田佐吉的遗产

从设计织机开始，丰田佐吉就是一个脚踏实地的人。为了继续发明，他成立了丰田自动织造公司，这家公司不仅使用他自己发明的机器，还可以用来测试新的发明。后来，他意识到纺织面料的质量与纺纱的质量有很大关系，于是成立了丰田纺纱公司。

作为一名发明家、经理和精明的企业家，丰田佐吉会在车间和休息室花费无数时间研究新的发明，尝试并不断测试新的想法。

1930 年，丰田佐吉去世了，据说丰田佐吉的遗愿是他的儿子丰田喜一郎用汽车为国家服务，就像他用织机为国家服务一样。

为了表彰丰田佐吉对日本工业的贡献，日本专利局将他列为 100 年来日本最具影响力的十大发明家之一。

第 9 章

通用汽车公司的故事

2009 年，通用汽车公司破产，并于 2012 年重组为新通用汽车。其困境主要由两个因素造成：（1）未能在核心的汽车业务领域形成全球竞争力；（2）多年来与利益相关方积累的财务问题。回顾新老通用汽车转型期间的救助计划，很明显，管理层的努力集中在解决财务遗留问题上，几乎没有努力改善业务运营。

财务重组和运营重组

要明确区分财务重组和运营重组。当一家持续经营的企业破产并开始重组时，“重组”这个词通常意味着财务运作、裁员和缩减规模。这些措施是为了使企业恢复正常的财务状况。然而，运营重组很少被提上议程，它可以重新赢得顾客的信心，并确保企业长期可持续发展。

当美国政府要求通用汽车“从根本上改变经营方式”，并把这一要求作为对其进行救助的条件时，我认为政府的意图是让通用汽车从根本上改变运营方式，即改变其传统的运营方式。通用汽车曾经与丰田汽车通过它们在美国加利福尼亚州弗里蒙特的合资企业 NUMMI（1984—2009）进行密切合作，我预计，一旦财务负担消除，通用汽车管理层肯定会抓住机会接受精益战略。

那时，一些汽车公司和它们的供应商即使没有把精益运营作为整个公司的战略，也已经引入精益运营的某些方面。因此，通用汽车的新管理层接受精益运营，并“从根本上改变经营方式”似乎是很自然的。毕竟，在新通用汽车成立之初，CEO 弗里茨·亨德森（Fritz Henderson）就宣称：“通用汽车以往的经营方式已经结束。通用汽车的每个人都必须认识到这一点，并提前做好准备，尽快改变。”这只是高管们典型的口头承诺吗？

不过，这一“尽快改变”直到今天都没有发生。似乎新通用汽车在运营上仍然与老通用汽车一样。最近，我有机会与新通用汽车的供应商交谈，询问他们在与新通用汽车的合作中发生了什么变化。他们的回答是：“与以前的方式相比，没有什么变化，除了几个高层的名字改变了。”

旧习难改，但我们在哪里能找到通用汽车兑现向美国政府做出的承诺的信号呢？通用汽车是否应该因为未能履行承诺而受到指责？还是说，美国政府应该因为未能确保通用汽车履行承诺而受到指责？答案是两者都不是；没有人应该受到指责，因为没有标准来检查通用汽车的运营状况在前后发生了多大的变化。

再回想一下这句格言："没有标准就无法判断。"正如前面几章所指出的那样，传统企业和精益企业之间的生产运营方式几乎是完全相反的。回顾新通用汽车成立后发生了什么，更确切地说，没有发生什么，可以得出这样的结论：老通用汽车作为一家传统企业倒下了，而新通用汽车作为同样的传统企业诞生了。

然而，我必须补充一点，当我回顾许多全球汽车企业的运营时，几乎所有企业都无法摆脱自己的传统方式，正因为如此，它们与老通用汽车和新通用汽车并没有太大的差别。

重组过程

当管理层决定摆脱旧的方式并进行突破性改进时，通常会使用"重组"这个术语。这个词也用于采取激进的财务手段，但不用于运营手段。

在破产的废墟中，有两种重组过程。第一种是财务重组，因为问题是从财务开始的。但财务重组本身不应视为目的。接下来应该做的是反思让企业失败的运营体系。对于 CEO 和董事会来说，这可能是直面传统运营的魔咒、实施精益战略的最佳时机。

对于传统企业来说，引入精益是摆脱传统魔咒、采用精益战略实现企业长期可持续发展的最后堡垒。这并不意味着老通用汽车不知道丰田生产方式。丰田精益系统的特点已经广为人知，尤其是在汽车行业。事实上，在老通用汽车倒闭之前的几十年里，精益模式一直就在它的眼前。

1984 年，通用汽车与丰田汽车在加利福尼亚州弗里蒙特的工厂成立了一家合资企业，它是通用汽车所有工厂中质量记录最差的工厂之一。在丰田开始运营后不久，这家工厂就成了通用汽车工厂中质量表现最好的。许多通用汽车的经理被派到弗里蒙特的工厂学习丰田之道。他们中的许多人还被送往丰田在日本的总部。

大约在同一时间，通用汽车邀请我在底特律的“14 楼”给通用汽车高管做关于改善（持续改进）和日本工业实践的演讲。从那以后，除了在美国和其他国家的通用汽车组装工厂尝试几个改善案例外，改善战略没掀起任何涟漪，公司范围内的精益战略也没有得到发展。

戴维·哈伯斯塔姆（David Halberstam）在 1986 年出版的《清算》一书中揭露了“三大”汽车公司的“傲慢”和“自满”。

在《改善》和《现场改善》这两本书中，我把改善作为一个重要概念进行介绍，这是引导日本工业实现精益战略的奥秘。

1990 年，詹姆斯·沃马克（James Womack）、丹尼尔·琼斯（Daniel Jones）、丹尼尔·鲁斯（Daniel Roos）撰写了《改变世界的机器》，首次将精益生产作为丰田的秘密武器。

我认识几个被派到 NUMMI 工厂的通用汽车的经理。回到通用汽车后，他们试图实践丰田生产方式，但对缺乏组织支持感到失望，结果要么去了其他公司，要么成了咨询顾问。我知道这一点是因为他们中的一些人加入了全球改善咨询集团，向其他公司传播改善信息。还有一些人进入学术界并写了书。

高层管理者未能采用精益战略的原因

很少有 CEO 和董事会主动将精益战略引入公司。几乎在所有情况下，这一举动都是由中层管理人员发起的。问题是，为什么 CEO 和董事会没有这样做。即使引入精益战略由 CEO 发起，也会在下一位 CEO 接任时被搁置。在《公司治理》一书中，詹姆斯·哈林顿（H. James Harrington）写道："董事会成员必须对他们的行为或不作为负责。"

这一表述强调，董事会成员不仅要对自己的行为负责，也要对自己的不作为负责。CEO 和董事会的不作为正是如此多企业未能接受精益战略的原因。我甚至相信，他们在此方面并没有履行重要的职责。

第 10 章

佐藤三越的案例研究

佐藤三越（Mitsutoshi Sato）获得庆应义塾大学机械工程学位，并于 1965 年加入丰田汽车公司。他从入职第二天开始接受培训。他被分配到元町组装厂生产控制部门，负责夜班工作。

同年晚些时候，他被调到生产控制部门，主要任务是根据总部的要求跟踪设计的变化。后来成为丰田总裁兼董事长的张富士夫（Fujio Cho）是他的直属上司。

早年，佐藤三越在大野耐一手下担任内部顾问，大野耐一派他到丰田的工厂和供应商那里进行现场改善咨询。他一生中指导的现场数量超过 500 个。

在大野耐一的指导下，他在丰田内部和丰田的供应商之间组织了自主学习小组，分享丰田的方法。当大野耐一受邀访问中国时，佐藤三越陪同他向中国汽车企业介绍丰田的方法。

1994 年，他被任命为 NUMMI 的副总裁，负责生产和质量控制，NUMMI 是丰田和通用汽车在加利福尼亚州的合资企业，它成功地将一种新车型的生产周期缩短了一半。

从丰田退休后，佐藤三越用日文撰写了《丰田生产方式》一书，讲述了他在丰田的亲身经历。经作者同意，我从他的书中选取了几个案例研究。

丰田三好工厂（1）

佐藤三越第一次开展改善活动是在1971年，那年他被派往丰田的三好工厂，这家工厂为跑车制造变速箱。当时，顾客对跑车的需求量很大，管理层决定在一年内用一种新车型来替代一半的产品。佐藤三越被派往三好工厂，在没有任何额外投资的情况下大批量生产现有产品。

以下是佐藤三越从三好工厂得到的信息：

1. 从聆听中获得的数字：

    a. 总需求量：800件/天。

    b. 平均产能：1970年9月，680件/天。

    c. 每日作业时间：21.5个小时（加3.5个小时非全日制工作时间）。

    d. 设备能力：750件/天（以两个正常班次为基础，100%满负荷运转）。

    e. 瓶颈工序：13号、15号工序，主要问题为设备故障、轴承孔、对孔、反向孔、精加工机。

2. 初始的现场观察：

    a. 机器作业的瓶颈有：（ⅰ）21号工序（排孔螺丝）1分18秒完成（每天716件）；（ⅱ）22号工序（离合

器叉孔钻孔作业）1 分 16 秒完成（每天 765 件）。

b. 每小时的产量在最大值和最小值之间波动很大。每小时的数据变化很大。预计产量为 354 件/班。

c. 9 名操作人员在生产线上工作，但作业顺序和在产品没有标准化，造成了大量的等待时间。

d. 操作人员只在机器不运行时才到现场，造成了大量的等待时间。

e. 机器故障的原因不明确，对策也不够有效。

f. 铣削过程中更换刀具次数多，更换刀具时间长。

g. 观察到许多加工问题。发现问题和提供对策的能力不足。

h. 流动不够充分，不够好。在 13 号工序和其他几个工序中观察到机器故障。

3. 佐藤三越在工厂期间完成的主要改善项目：（他写道，根据他的观察结果，他决定留在这里，在铃村喜久的指导下学习改善的应用。）

a. 引入了设备的基本标准，从故障现象、故障原因、故障处理等方面进行细分。

b. 在铃村喜久的帮助下，佐藤三越研究了标准作业，并引入三步法，使操作人员的数量从 9 个减少到 5 个。不久后，负责生产的经理问佐藤三越是怎么做到的，他回答说："通过减少操作人员的数量实现的。"生产经理说："你一定是疯了。"

c. 由于两班倒不足以达到生产目标，因此消除了非增值的设备动作，如机器切割时间的浪费。最终实现了以下时间节约：（ⅰ）21 号工序：由 1 分 18 秒减少到 1 分 3 秒；（ⅱ）22 号工序：由 1 分 16 秒减为 1 分 1 秒。

瓶颈工序转移到 12 号工序，新的生产能力增加到 819 件。

由于丝锥断裂频繁发生，一种新的通用装置被设计出来作为备用。

佐藤三越在剩下的时间里设计了工具更换流程，并进行了前期准备。限位开关故障较多，主要原因是工件干扰和漏油。

因此，一天的工作结束后，每个人在现场清洁时，佐藤三越负责添加密封条，以防止外来物进入。

上述改善的结果是，生产效率得到了提高，工厂能够满足以下初始目标。

9 月 1—30 日：33 件/小时，5.5 件/工时（6～9 人）。

10 月 1—24 日：32 件/小时，5.3 件/工时（6～9 人）。

10 月 26 日至 11 月 14 日：36 件/小时，7.1 件/工时（5 人）。

11 月 16 日至 12 月 12 日：38 件/小时，9.4 件/工时（4 人）。

回顾第一次在三好工厂进行改善的经历，佐藤三越写道：

在第一次改善经历中，我有以下体会：

a. 增加操作人员的数量并不会自动带来生产效率的提高。

b. 操作人员在作业过程中空闲时不能坐下，这反而导致他们会从事不必要的工作，更糟糕的是，往往会产生质量问题和机器故障。

c. 人员管理不是一件容易的工作，当有更多人员时，会有更多的问题。

d. 不要相信现场的数字。根据你的管理，产能可以超过100%。现场管理不应只停留在现场规定的产能，而应通过总结来源于现场的实际产能进行管理。

e. 每台设备的故障都有原因。重复问五次“为什么”，找出根本原因，形成企业对策。

佐藤三越在工厂时，每天向铃村喜久汇报生产和设备问题。铃村喜久是一个真正的专业人士，他甚至知道设备设计师的名字。因为铃村喜久会反复问“为什么”，所以佐藤三越不得不拆开设备找出根本原因。

接下来的几个案例研究的内容是用佐藤三越自己的话来讲述的。

丰田三好工厂（2）

1971 年的一天，大野耐一让我和张富士夫去丰田三好工厂查看情况。由于冷锻产能不足，丰田三好工厂请求大野耐一同意转包业务。然而，他打电话给我和张富士夫，说："你们去改变工厂的生产方式，这样它们就不用把业务转包给外人了。"也就是说，"不完成工作就别回来"。

当时的工艺是按照金属棒材切割、热处理、表面处理、成型、加工和精加工的顺序进行的。

我们首先去了成型工序，发现成型作业进展顺利，但当箱子装满时，操作人员不得不离开去更换箱子，这降低了效率，待更换的箱子在机器后面，扰乱了操作节奏。因此，我们在操作人员的旁边安装了一台传送机，以便在那里更换箱子，缩小操作人员的身体移动范围。

另一个问题出在油漆工序。根据计算，工厂应该具有充足的产能，但机器经常发生故障，因此完成不了产量。于是，我们去现场查看。其中一个操作人员告诉我们，由于喷漆的篮子里放了太多零件，篮子经常掉到喷漆池里。在现场，操作人员随意把物品放进篮子里。

因此，我们计算了重量的上限，并在小于重量上限时更换料斗。结果，故障减少了，工序获得了足够的产能来满足客户的订单。

结论是，丰田三好工厂忽视了现场中的基本问题，技术人员过于分散，没有评估整个作业流程。

有一次，铃村喜久来检查我们的工作，他告诉我们，“加热工序有一个问题。在你发现问题之前，站在一旁观察”。

这是一个完全自动化的加热工序，我一直站在旁边看着，疑惑一个完全自动化的系统怎么会出问题。那些人看着我，站在我身边，同情地对我说：“多么辛苦的工作啊！”两天过去了，什么也没发生。

在正常工作区域外，一根长长的铁棒靠在墙上，我好奇它为什么会在那里。

第三天下午，事情发生了！托盘卡在传送导轨上脱轨了。就像一场交通事故，托盘一个接一个地卡住了，生产线也停了下来。现场的人冲到外面拿起长铁棒，推着托盘继续流动。根本原因是加热的托盘发生了变形，但没有采取任何措施。

后来，我问铃村喜久是如何发现根本原因的，他说：“除了长铁棒，我发现几个托盘在同一侧有凹陷。所以我怀疑它们有同样的问题没有得到解决。”我惊讶地说：“你看起来像神一样。”他说：“如果我是神，能预测未来，就不会在这里了。我更愿意去赌赛马或赛艇。”他好像以前有过这些经历。

午休时间，其他生产线的几个操作人员让我去他们的车间看看。我问他们为什么，他们说：“因为活塞销像雨滴一样不时地掉下来。”于是，我立即赶到现场，那里是冷锻活塞销和机械加工的地方。

这一工序是完全自动化的，但由于材料的不规则流动，需要一个操作人员参与、检查和恢复流动。

有一天，我亲眼看见活塞销像雨滴一样掉落。由于热处理是分批进行的，零件放入料斗后，自动在加热装置和料斗之间传送。

由于材料的不规则流动，料斗上部的活塞销黏在一起，从而阻止了流动，导致活塞销像雨滴一样从料斗中流出。

我让他们停止自动分拣运输机，并指导空闲的操作人员在料斗之间搬运部件。第二天，部件造好了，自动传送机被移走了。我很好奇他们为什么这么匆忙。

不久，会计部门告诉我，被移走的是一个非常昂贵的装置，它的折旧尚未提完。因此，废除这个装置似乎是个问题。后来我不得不带着歉意向高级会计经理解释情况。我被告知，我之前废除的那个装置是该工厂的高层领导设计的。

音羽工厂（东海理化公司）

1970 年的一天，铃村喜久让我去东海理化公司的音羽工厂，东海理化公司是丰田的供应商之一。我一到音羽工厂，就被带到工厂经理正在开会的房间，工厂告诉我，铃村喜久几天前来过，对他们说："你们的库存太多了。马上减少！"

他们告诉我，工厂已经减少了库存。但其中一条生产线出现一个新问题。他们说，这条生产线生产 10 种不同型号的产品，但每种型号的换线时间为 1 个小时。虽然铃村喜久要求他们每天生产所有型号的零件，但因为生产每种零件需要用一个小时换线，所以总换线时间就占了一整天。

于是，我问他们："你们现在是怎么做的?"他们回答："一旦更换完成，我们就把所有人送到生产线上，准备一天的库存，然后开始准备下一次更换。晚上，部门经理级别以上的所有人员都要参与生产。"

我们立即停止会议，去了现场。从那天起，现场改善活动就不分昼夜地开始了。工装夹具的底座被设置好，使它能够适配相应的孔，一触即可更换模具。

一名员工与进行生产工程改善的成员合作，制作了这个模型。这项工作在三天内完成。产量在库存减少的同时平稳增加了，但各种其他情况出现了。

首先，对工装夹具的底座进行标准化，并将工装夹具设置在制孔现场，使工装夹具一触即可安装在正确的位置。一位内部工程师与工厂的改善团队一起设计了一个新系统的模型，这样只需一触，夹具就可以改变。三天之内，整个改变就完成了。

然而，新的变化带来另一个问题。

由于工厂的厕所数量有限，我们尝试引入错时工作制，使所有的生产线可以同时开始工作，但女员工去厕所的时间通常较长，所以工作的开始时间也是错开的。在高峰期，很多人无法准时回到工位开始工作，我们尝试引入一个休息的基准时间，但工会坚持要增加厕所的数量。在这种情况下，一夜之间做出这样的改变是不可能的，但恰好工会里有我的老同学，在他的帮助下，我们最终管理好了繁忙的时间。

这个小插曲大大提高了车间员工的士气，我们能够讨论包括工会在内的各种情况。我开始相信让每个人都参与并讨论现场状况是有好处的。

从那天起，改善活动从早到晚都在进行。工装夹具的底座被加固并定位到孔的位置，以实现一触更换。丰田和工厂的工程师一起工作，三天就完成了任务，能够按时生产并交付产品给顾客。

一旦加工和组装线开始正常工作，压铸件的短缺就凸显出来。压铸分两班进行，夜班留给操作人员，夜班期间出现异常就停止生产。观察夜班时，我们发现不规律的供水导致温度上升。所以我们引入一个“公鸡式”的框架，来直观地观察水位。此外，我们观察到，在切换产品的时候，挤压过紧有时会导致产品变形。因此，我们为每台机器设定喷嘴的长度，以避免变形。

一天晚上，在回家的路上，我突然想到一个新主意。在切换过程中，为什么不能采用从侧面滑动的方法替代起重机呢？

我和团队讨论了这个想法，并引入了各种改变，比如改变冷却水管的位置、预热模具，我们可以在一分钟内完成换模。这大概是当时的世界纪录。

通过这种方式，在大家共同努力参与改善的情况下，一分钟换模得以实现。

铃村喜久每次来都会说："库存太多了，马上削减！"小组负责人立即跟进。一段时间后，库存降至之前的 10%，我们可以看到到处都是空间。在此之前，羽音工厂租用了附近的 13 个外部生产设施来组装键盘。采取新措施后，工厂不需要租用这么多生产设施。在之前的一段时间里，大量库存使得工厂里没有任何空间，这也是羽音工厂租用外部生产设施来组装键盘的原因，这样不仅很难管理，而且运输成本很高。最终，装配线被安装到羽音工厂剩余的空间里，可以在工厂内生产键盘了。

正常情况下，充足的库存会提前储备好。但现在，所有的准备工作在周六和周日进行，因为每个人都已经习惯了每周改变布局，没有人对节奏的快速变化感到惊讶。最终，13 个外部生产设施中有 10 个不再租用。

由于库存减少，过去需要一个星期来检查库存，现在只需要一个小时。操作人员以前一直在传送带上进行装配，但由于装卸作业太多，因此拆除了传送带，引入站立作业，减少了生产线上的工人，提高了生产效率。这是单元式作业的开始。由于操作人员已经习惯了坐着操作，起初他们并不愿意，但一段时间后，他们习惯了站立姿势，这种做法得到了推广。

我在羽音工厂待了六个月。当我第一次到那里时，它有 13 个租用的外部生产设施和总部工厂。6 个月后，只剩下 3 个外部生产设施和总部工厂，公司的股价从每股 40 日元上涨到 780 日元，并被当地报纸报道。

管理层骄傲地说："即使生产率下降到 70%，也能保持盈利。"

日野汽车公司

日野汽车公司的重型卡车工厂引入流动生产系统。

1978 年 2 月，我突然接到大野耐一的电话，他让我去日野汽车公司按照流水的顺序设计大型卡车重型部件的生产流程。日语 junjo 的意思是连续的和有序的。他告诉我，最好由一个人来完成这样的改变，我的工作是开发一个新的系统并定期向他汇报。这是我第一次参观这家组装大型卡车的工厂。

这种改善是必要的，因为 Hilux 型号重型卡车在全球的销售量逐步增长，羽村工厂将无法满足越来越多的重型卡车需求，附近的 Nitta 工厂会生产更多的该型号卡车。我的任务是大力改进日野汽车公司大型卡车生产系统，以取得良好的利润。为了达到这个目的，需要大幅减少员工数量以及零件、在产品和半成品的库存。

那时候，即使是在丰田内部，发动机、变速器、前后车轴等主要部件的组装过程也不是以流水方式进行的。首先，我从日野汽车公司的成员那里了解了公司的生产情况，包括历史情况。大型卡车的月产量为 1 500 辆左右。工厂里有三条发动机生产线。变速器和车轴是在羽村工厂生产的，离公司有一个小时车程。

大型卡车分三组进行生产。在三条生产线中，我选择了 F1 线，这条线装配的卡车数量最多。我将每一辆卡车的生产系统改为以流水方式生产，生产计划是手工更改的。发动机和加速装置的生产订单由内部操作人员和传真机根据预计订单从控制室发出。

向装配线供应的部件通常按照每辆卡车的需要制造。羽村工厂供应的各种部件都是根据控制室的指示用大型卡车运送，并按顺序标明序列号和到货时间。加工后的零件被组装成 5 个单元，然后通过看板进行转移。

经过各种改进，多余的部件消失了，现场的生产效率提高了。装配线可以在指定位置自动停机，还配备了照明系统，延长了生产线的运行时间。

接下来我开始在发动机装配线上工作，按发动机类型，装配线分为 E1、E2、E3 线。在每条装配线进行流水生产时，我对要处理的零件数量之大感到惊讶。在此之前，操作人员只能依靠记忆选取正确的零件，操作人员不在时，工厂不得不停止生产。为了应对这一问题，引入年假和目视化控制。为了缩短交货时间，减少了发动机总成的推车数量。

针对各零件拉削作业不顺利的情况，设计新的系统，对刀片进行改进，采用拉动系统，大大提高流动性。丰田和日野汽车公司的工程师在这些改变中做出了宝贵的贡献。我们还将作业单元划分为移动式和固定式，以保持作业的平衡。

大型卡车数量少，其加工耗时久，此外，还有大量的小零件，通过使大型卡车的流程更顺畅，其生产效率得到了提高。我们还评估了起重机和提升机的操作，并通过改变布局和传送带的操作高度来实现顺畅流动。

以下是我在日野汽车公司工作期间开展的其他活动：

- 改进凸轮轴生产线
- 研制凸轮轴制孔装置
- 开发各种内部机器人

这些活动的结果是，大型卡车的库存从以前的 5 000 辆下降到 1 000 辆，估计节省了 400 亿日元！

第 11 章

精工零件公司

精工零件公司是一家精密金属产品的制造商，其战略是通过灵活地改变每个订单的生产布局，及时交付顾客产品。所有工厂的设备经理使用的是“通用”类型设备，他们可以熟练地使用夹具和工具，并设计一个特殊的布局来生产所需的产品。出于这个原因，他们在速度、交付和价格方面很有竞争力。

公司总部和主要工厂位于日本埼玉县美里，其他工厂位于日本、菲律宾和中国的几个城市。这三个国家的员工总数为1 060 人。

精工零件公司的改善活动

在日本著名管理顾问，也是我的好朋友柿内幸夫（Yukio Kakiuchi）的指导下，精工零件公司在电脑上开发了一套独特的改善活动记录和报告系统。

该公司最重要的活动之一是将每一项改善活动的记录保存在计算机系统中，以便任何人可以随时查看这些记录。自柿内幸夫 2012 年让所有员工参与他的咨询以来，该系统一直在使用。公司有一个重要要求，即每个部门的所有高级经理，包括总裁，都必须参加公司的报告会议。

改善报告会议每两个月举行一次，前几个月参与过任何类型改善项目的员工都要参加。来自三个国家的约 60 名员工参加在总部举行的报告会议。亲自参与改善项目的员工必须参加东京的会议，并说明改善是如何完成的。大约有一半改善案例的演讲使用了标准化彩色幻灯片。在本章的最后，展示了成功实施并存储在计算机系统中的改善项目的典型案例。

除了两个月一次的报告会议之外，我们还鼓励每个国家、工厂和运营单位使用相同的标准化幻灯片制作各自的改善报告。这些改善活动是在国际基础上进行的，参与改善活动的人每隔一个月报告一次结果，不论其年龄和公司服务年限。

在日本的主要工厂中，员工早上第一件事是轮流提出一个点子。这被称为“一点改善”，包括值得在一天开始时在所有成员面前提出的任何想法。

日本、中国和菲律宾的所有工厂安装了相同的机器。早些时候，在中国生产的零部件需要在日本进行检验，但如今，中国已经制定了同样的质量检验标准。在精工零件公司，生产周期被定义为从接受订单到获得利润的时间。因此，接到订单后，该公司比其他任何公司都更快地提交计划。

总裁太田健二（Kenji Ohta）说，通过开发内部系统，可以在计算机系统中跟踪改善操作的每一步，通过查看计算机系统可以提前预测产品交付的总时间。

把工厂作为展厅

公司领导人尝试自己开展改善活动，如改变设备的布局、发明夹具和工具，以及为每个顾客订单设计布局，以减少生产时间和作业成本。

他们的座右铭是把工厂作为“展厅”，如果与潜在顾客的谈判时间延长，顾客会被邀请参观工厂，并观察工厂的生产和质量控制系统。

总裁太田健二的座右铭是，追求“每个人的心灵交换”，追求理想社会的梦想，这意味着追求顾客满意度和发展一个理想的组织，每个人都可以自由讨论并与别人交换想法，一旦达成一致，可以立即全面执行。

柿内幸夫从 2012 年开始访问精工零件公司，从那以后每隔一个月来一次。他从基本的现场改善咨询开始，下面是他提出的 16 个改善的关键词：

七种浪费

1. 生产过剩的浪费

2. 等待的浪费

3. 运输的浪费

4. 加工的浪费

5. 库存的浪费

6. 动作的浪费

7. 缺陷的浪费

四项搬运原则

1. 缩短距离

2. 使用双手

3. 减少非增值搬运

4. 降低强度

5S

1. 整理

2. 整顿

3. 清扫

4. 清洁

5. 素养

最初，很难让所有员工都参与改善，但到目前为止，改善已经被公认为是一种自然开展工作的方式。现在，所有的员工都携带一张印有 16 个改善关键词的卡片，以提醒自己。

在引入这些行为变化的同时，柿内幸夫开始引入每两个月举行一次的改善报告会议。自从柿内幸夫开始咨询以来，改善活动经理太田美智子（Michiko Ohta）一直参与所有的改善活动，以下是她对这段经历的回顾。

在开始第一个现场改善活动时，30 张卡片被分发给所有参与活动的团队成员，卡片按类别被贴到现场的全部物品上。物品分类包括：（1）用途不清的物品；（2）不是每天都会用到的物品；（3）现在用不到将来可能会用到的物品。所有物品先集中到工厂，然后根据以下类别分到三个地点：（1）需要用的；（2）暂时不用的；（3）不需要的。

所有团队成员都参与了讨论，解决了他们发现的问题。太田美智子报告说，从那时起，在计算机系统中报告和记录的改善项目超过 600 个。

回顾中最具价值的成果之一是在日本、菲律宾和中国所有精工零件公司的工厂中实现了生产、质量和管理的协同。

柿内幸夫表示，精工零件公司目前成功的业务表现归功于多年来总裁的参与和领导。

改善清单（1）

改善主题	改善位置	改善团队成员
缩短切换时间	工具架	Sugasawa，Tkahashi，Takeda
改善原因		
工具箱里工具太多，找到合适的需要花很多时间。		
改善目标		
看一眼就能找到需要的工具。		

改善前

▶ 抽屉里有许多工具，大的和小的，轻的和重的，混合在一起。

▶ 这些工具是按类型分类的。但是有一些很难找到，不得不打开许多抽屉。

改善后

▶ 在墙上安装工具架。把经常使用的物品放在中间。

▶ 拍摄一张照片，以便辨认丢失的物品。

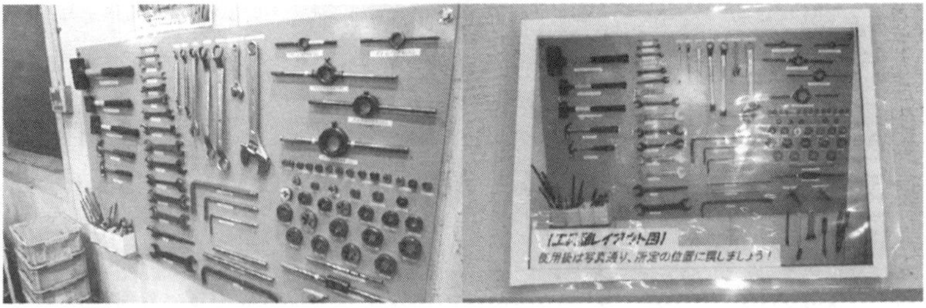

总结

不用再到处找工具了。工具的大小和位置清晰可见，可以轻松使用。我们认为这是一个方便员工使用的工具架。

改善清单（2）

改善主题	改善位置	改善团队成员
明确产品流动状态（作业改善）	工具 B－NC/M－NC/MC	Gotou，Tkahashi，Takeda
改善原因		
材料的流动很难看到。很难看出目前的状况是好是坏。		
改善目标		
准备识别清单以显示流动情况。异常情况一目了然。		

改善前

- 很难看出目前的状况是好是坏。
- 浪费存在于狭窄的区域，通道非常狭窄。

改善后

1. 显示了加工前和加工后的标志。

2. 显示了作业条件的顺序。

3. 能立即发现（作业条件和必要物品）。

总结

整合工作台。改变检测设备的位置，在周围开辟更宽的通道以便寻找工具。工具的大小和位置清晰可见，可以轻松使用。我们认为这是一个方便员工使用的工作台。

改善清单（3）

改善主题	改善位置	改善团队成员
剩余的油量可见	订购油料时	Sakamoto，Hayashi，Oiki，Ohtaou，Tkahashi，Takeda
改善原因		
• 桶内剩余油量很难确定。 • 由于剩余油量未知，订货时间不确定。有时，剩余的油可能不够用。材料的流动很难看到。很难看出目前的状况是好是坏。		
改善目标		
使剩余油量可见，很容易在标识表上找到订货时间，以了解物料流动情况。异常情况一目了然。		

改善前

▶ 在没有测量剩余油量的情况下，操作人员摇晃油桶，凭感觉确定剩余油量。

▶ 很难确定剩余油量，订购油的时间不固定，而且是由其他人去订购的。

- 有时，油的库存不足。

改善后

- 剩余油量一目了然，节省了确认时间。
- 不用担心油的供应短缺。

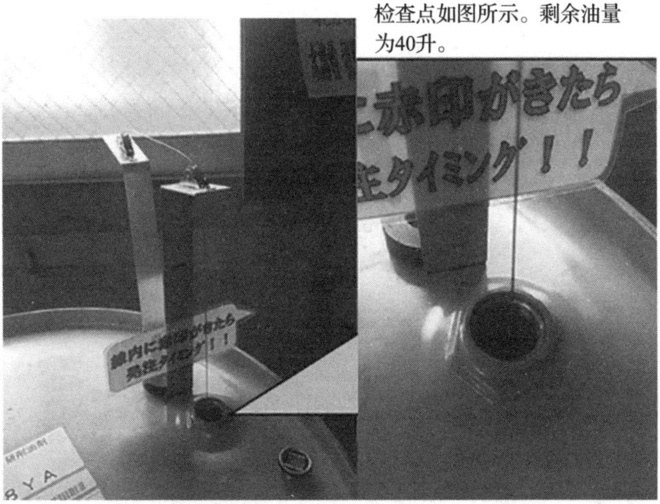

检查点如图所示。剩余油量为40升。

改善清单（4）

改善主题	改善位置	改善团队成员
通过提高操作效率减少走动损失（作业改善）	所有的 C 区域	Gotou，Fukagawa，Murayama，Sakamotoshi，Takeda
改善原因		
• 空托盘放置在第二层中心，不方便使用。 • 空托盘的摆放位置没有规定，很难看到托盘。很难看出目前的状况是好是坏。		
改善目标		
• 所有托盘都送到第一层。用识别表显示状态。异常情况一目了然。		

改善前

	人均次数	人次	次数	步数	16 人/天
MC 工序	3 次/天	6	18	124	2 232
M－NC 工序	6 次/天	7	42	146	6 132
B－NC 工序	3 次/天	3	9	112	1 008
合计			69	382	9 372

步数：每天共 16 人行走 9 372 步。

改善后

	人均次数	人次	次数	步数	16 人/天
MC 工序	3 次/天	6	18	22	396
M－NC 工序	6 次/天	7	42	24	1 008
B－NC 工序	3 次/天	3	9	56	504
合计			69	102	1 908

减少 7 464 步（9 372－1 908）。

	16 人	每人
总步数	7 464 步/天	467 步/天
距离/天	5.2 千米/天	325 米/天
距离/月（21 天）	109 千米/月	6.8 千米/月
时间/月	22 小时	1 小时 22 分钟

位置：明确了摆放位置，不需要去寻找空间。

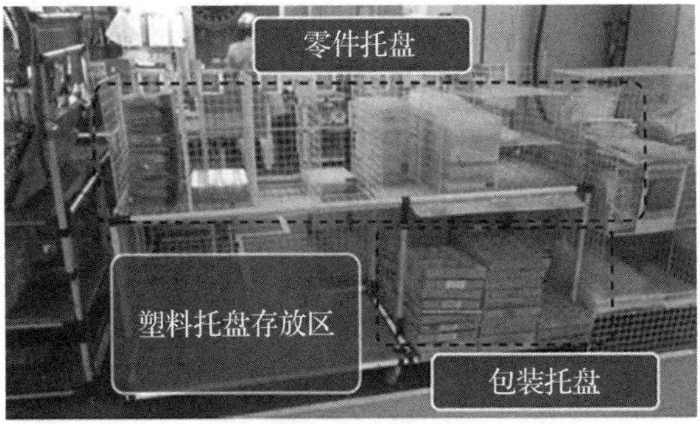

第 12 章

天龙矢崎的工厂

2003 年，我有幸多次参观天龙矢崎的工厂，并拜访该工厂的厂长永井清仓（Kiyoharu Nagai）。他的奉献精神、努力、策略和记录保存习惯给我留下了深刻的印象。尽管已经过去十多年了，我还是决定公开这些记录，因为我相信，这将会帮助今天面临类似情况的管理者。

天龙矢崎集团是一个跨文化组织，在全球 30 个国家有 131 家生产单位，分为汽车和能源部门。

天龙矢崎的日本工厂主要生产多重气体安全系统、燃气表、气体泄漏探测器。

下面是一个案例研究，讲述了天龙矢崎如何在工厂中引入精益实践，以应对顾客在质量、成本和交付方面日益严格的要求。

由于天龙矢崎工厂的产品是至关重要的安全产品，因此需要对每一种产品的保质期进行官方验证。厂长永井清仓认为他们的产品是“易腐品”，因为如果产品在发货之前滞留在仓库中，产品的使用寿命会缩短。在决定引入改善之前，工厂的生产模式是：分批生产燃气表，组装后加盖官方保质期（气体泄漏探测器的保质期为 10 年)，并将其保存在仓库中。

由于公司的生产基于销售预测，在生产的 10 万件产品中，有些年份只卖出了 8 万件。产品线上有 78 种不同型号的气体泄漏探测器，许多产品成了死库存，所以需要一个大仓库。平均而言，公司有 19.9 天的产成品库存。由于产品保质期为 10 年，每个月产品处于库存状态意味着当月损失顾客价值的 1/120。

有时顾客收到的产品超过保质期几个月，因此把产品退回，要求重新验证或更换新产品。

燃气表是季节性很强的产品。在天然气供应旺季，来自天然气公司的订单是淡季时的三倍，天然气公司在顾客需求旺盛的冬季供应天然气，在夏季则集中精力安装天然气设备。因此，很多冬天生产的燃气表被储存在仓库里，夏天才被运走。

有时，员工会发现仓库中有超过保质期几个月的产品。

一个建立柔性精益系统的项目

1999 年，一个为期三年的项目启动，内容是建立一个柔性的精益生产系统，使这些“易腐品”实现均衡生产。

公司有四个目标：

1. 将产成品库存减少到目前的四分之一。
2. 减少盈亏平衡成本和设备折旧成本。
3. 缩短生产周期，建立 3 天的标准库存制度，以便每天只补充售出数量的产品。

4. 当产量超过车间操作人员能应付的数量时，安排办公室员工到现场工作。

这个项目的口号是："既然生产的是易腐品，那就做到准时生产吧。"

该项目的目标是在淡季降低盈亏平衡点，并消除库存。这是公司决定在产量增加时使用办公室员工的原因，没有必要在旺季时雇用额外的车间工人。

生产燃气表的主要步骤如下：

- 压铸
- 机加工
- 喷涂
- 装配
- 包装

在改善项目开始之前，员工轮班工作，每条装配线有 10 名工人，每班生产 2 000 件。

由于装配线与其他工序相比不需要太多的投资，管理层一直在增加新的装配线，产量增加的季节，员工们在一个班次工作。

另一方面，前面的工序，压铸、机加工和喷涂，必须以两到三班生产，以储备第二天使用的库存。

然而，在淡季，这些额外的装配线会闲置，造成折旧成本。因此，公司决定订单量低时只使用一条生产线一个班次，当产量增加时，两到三个班次在同一生产线上生产，与上游工序保持相同的节拍时间，这样没有额外的库存产生。如有需要，每天最多可生产 6 000 件。

当产量增加时，不雇用新的装配工人，而是雇用临时工或办公室人员。

因此，公司开始对办公室人员进行培训，以便在产量增加时可以派他们去做装配工作。由于他们从事的是重要的安全产品的制造，管理层在生产线上引入多种方法，使不合格的产品不会传递到下一道工序。

在被送往现场工作前，每名员工必须接受全面的培训，通过严格的测试并获得许可证。为了方便这些员工开展工作，公司制定了一个轮班表，规定他们在一天的特定时间离开办公室去现场工作，比如每天去现场工作两个小时，这样不会扰乱他们的正常工作。

燃气表有 4 种原型，在组装之前经过不同的工序，被贴上验证印章，然后被送到最后的包装工序，并在那里进行额外的修改，以生产 76 种类型的产品。

最初，生产是基于预测的，这意味着即使产品被生产出来并贴上验证印章，也没有人知道什么时候可以销售。在新方法下，公司取消了仓库，直到组装结束，只生产 4 种原型的模型，并保持 3 天的标准库存。

新方法的设计思路是：组装结束时贴验证印章，在包装工序进行密封。在新系统中，只有在收到日订单后，系统才会指示包装工序根据顾客的订单进行必要的修改，加盖印章，包装产品，直接发货给顾客。现在，任何下午 5 点前收到的订单都可以在第二天下午 5 点前生产、验证、盖章并发货。

压铸工序和包装工序之间的净生产周期是 5.5 个小时，这并不令人惊讶。最长的工序是喷涂，需要 2.5 个小时，装配工序需要 1 个小时。

天然气公司作为顾客，过去常常大批量订货。现在，天龙矢崎的销售人员告诉顾客，他们不需要为天龙矢崎的燃气表保留库房，因为工厂可以在第二天发货，这是一种销售的改进。

公司在改变生产系统时遇到的第一个挑战是在两个工序之间保持在产品 15 分钟的标准库存。每道工序所需的材料必须每 15 分钟循环一次。这是一个不容妥协的规定。由于工人习惯了批量生产，这对他们造成了不小的影响。如果要求他们必须遵守新规定，就会产生许多反对意见、问题和障碍。

永井清仓非常坚定。他说："如果你发现异常，如果你发现质量问题，如果你发现材料缺失，不要害怕停止生产线。停掉它，并研究一下为什么会这样，直至找到根本原因。如果你需要工程师的帮助，就去寻求他们的帮助。每个问题都有根源。找到它，确保问题不再发生。”

今天，在参观天龙矢崎的工厂时，我们发现整个生产车间都严格遵守 15 分钟的规定，包括压铸、机加工、喷涂、装配和包装。

天龙矢崎的第二个项目是均衡生产。最初，天龙矢崎公司的两大产品有两个独立的工艺，S 型安全燃气表在自动装配线上，H 型安全燃气表在手工装配线上。为了降低两条生产线的折旧成本，天龙矢崎在其中一条生产线上引入均衡生产，从而减少了 15 名操作人员。

第 13 章

科米柔性镜公司

科米株式会社（以下简称“科米”）社长小宫山荣（Sakae Komiyama）拒绝接受制造企业存在的目的是使顾客满意这一常识。相反，他认为企业的最终使命是让使用企业产品的用户满意。

他将“顾客”分为以下几类：

- 购买产品的人
- 销售产品的人
- 决定购买产品的人
- 安装产品的人
- 使用产品的人（用户）

对他来说，这些顾客都很重要，应该得到最大的关注。但他认为，那些每天使用产品的人的要求是最重要的。

1962 年，小宫山荣从一所地方大学获得工程学学位后，加入东京一家高科技工程公司。同年，该公司聘请了几位国立大学的毕业生担任工程师。作为一所地方大学的毕业生，小宫山荣曾经觉得自己无法与他们竞争。

日本还有另外两家高科技工程公司生产同样的产品，竞争非常激烈。竞争在他所在公司的员工中也很激烈，他觉得自己被排除在游戏之外。

公司附近有一家餐馆。老板和他的妻子总是对他说："我们的顾客来这里总是显得很愉快、很放松，但是我们发现你们公司的人看起来都很紧张。"

度过了紧张的三年之后，小宫山荣离开了公司，在一个车库的角落里创办了自己的公司，从事百科全书销售、汽车修理和户外标识制作等业务。

科米镜子

1970 年 3 月，小宫山荣在从事户外标识制作业务时，设计了一面自动旋转镜。1972 年，他在东京的博览会上展示了旋转镜。许多人参观了博览会并留下名片。然而，当小宫山荣派销售人员去拜访那些留下名片的人时，却没有人下订单。

从事户外标识制作业务期间，小宫山荣在 1971 年获得了旋转镜的专利，并开始销售新产品。1975 年的一天，附近的熟人带着旋转镜来到小宫山荣的办公室，说这些是他从小宫山荣的商店买的剩下的镜子，他很乐意把它们还回来。他说："也许你可以找到其他方法来好好利用它们。"

小宫山荣回忆说，前段时间，为了找到推广自己业务的新思路，他参观了一家名为国际显示工业的公司，并在没有事先预约的情况下与总裁会面。小宫山荣发现总裁非常亲切，并乐于助人，他回答了小宫山荣的许多问题。离开时，总裁拿出一个小电池和一个马达送给小宫山荣，并说："祝你好运！"小宫山荣偶尔会从抽屉里拿出电池和马达，在办公室里摆弄。

1977 年 3 月，第 77 届日本商品交易会在东京晴海举办，科米再次展出了旋转镜，许多人留下名片。然而，就像上次一样，小宫山荣的员工在交易会结束后拜访他们时，没有获得任何订单，只有一位超市的总裁说想订购 30 个产品。

由于小宫山荣没有用于一次性生产 30 个产品的设备，他不得不让顾客等一个月，在此期间小宫山荣每天组装一个，持续了 30 天。当时，他还在为夜总会做广告牌，这花费了大部分时间。但他必须兑现承诺，在一个月内交付 30 面旋转镜。

一天，当他在摆弄旋转镜时，突然有了一个主意。"如果把两面镜子像三明治一样以一定的角度放在一起，中间装上电池和马达，会发生什么？"于是，他尝试了一下。瞧！当镜子开始旋转时，镜子里的景物也开始旋转。那些在周围观察实验的人，不知道电动马达在装置里，一直在问，"为什么镜子能在没有风的情况下保持旋转？"从那一刻起，一个从根本上改变科米命运的项目诞生了。挑战就是如何开发新材料来制造产品。

每当设计师遇到问题，他们就会打开电话簿寻找每个领域的权威。他们还询问了小宫山荣之前公司的老朋友。有许多问题需要解决，比如，如何将二维镜面反射成三维镜面，如何处理粘贴镜面的边缘，以及如何将铝镜面弯曲以使其与其他镜面连接。10 个月后，项目完成了。

与此同时，小宫山荣对送到超市的 30 面旋转镜感到好奇，于是决定亲自去看一下。在路上，他一直在想可能会收到的负面评论，比如“它们没用了”，“它们坏掉了”，或者“它们不再使用了”。

这家超市位于一幢三层楼的建筑中，他发现每层都安装了 10 面镜子。随后，他见到了经理，并询问了旋转镜的情况。令人惊讶的是，经理说：“它们帮了大忙。入店行窃的事再也没有发生。”

他的回答给小宫山荣带来巨大的惊喜和深刻的启示。镜子是用来防止入店行窃的！在镜子的整个设计、制造、营销，直至上市前的广告宣传过程中，他从来没有想到它们可以用于防止入店行窃！此外，他第一次认识到，买镜子的人可能有自己的意图，这是他从来没有想过的。他原以为这些镜子只会用来装饰，以激发顾客的兴趣。

经理继续说，“我们很幸运地知道了旋转镜并尝试了它，工作人员在现场变得非常积极，商店偷窃消失了。真的管用。”他还推荐了其他几家可能对镜子感兴趣的超市。

此后，小宫山荣决定停止户外标识制作业务，集中精力发展科米镜子。

在最初的几年里，他一直努力发展新业务。他问自己，像科米这样的小型企业，理想状态是什么样的。想到的第一个特点是拒绝竞争。与其把时间和精力花在与他人的直接竞争上，不如花在寻找能获利的市场和为社会开发独特新产品的商业机会上。

目标是农业企业

小宫山荣在日本中部长野县的农村长大，他经常写他的理想是成立一家农业企业，而不是“互相残杀的企业”。

小宫山荣将“普通企业”视为“互相残杀的企业”，它们争夺有限的资源，其员工也相互竞争。相反，他青睐那些开辟新领域、播下新产品种子的农业企业，这并不需要竞争。小宫山荣称前者为“食肉企业”，后者为“播种企业”。

科米的顾客是商业企业，而不是个人。他认识到，他的企业规模还不足以进行大规模生产和大规模营销。企业购买镜子后，只要喜欢就可以一直使用。如果镜子不能满足原来的用途，科米将立即免费更换相同的镜子（或最新型号的镜子），且不收取更换费用。

小宫山荣认为，产品的可靠性和对企业的信任比任何事情都重要。到目前为止，科米镜子已经存在 30 多年了。小宫山荣并不认为参与销售竞争和降低成本是他应该选择的道路。

他进一步表示，“普通企业之间相互竞争”，但科米创造新的社会价值，并播下最能满足顾客需求的新产品的种子。

科米的顾客清单

以下是科米的主要顾客清单：

- 便利店和零售店
- 各种预防犯罪和保证安全的场所
- 公共设施
- 医院、学校和疗养院
- 书店和音像店
- 大型建筑和车库
- 办公室、建筑物出入口
- 仓库
- 汽车出入口
- 制造工厂
- 航空业务（稍后会介绍，这些业务占科米业务的一半）

科米的哲学

小宫山荣对员工提出了以下目标：

1. 作为个人，要好好生活。作为一家企业，要持续稳定增长。
2. 帮助对方。对方指的是顾客、供应商和员工。他们之间不应该是对立的，而应该是共存。总要想着为对方服务，从他们那里获得信任。
3. 不断积累信任。在增加销售量之前，必须先建立信任。
4. 永远保持改进的精神。
5. 永远深入思考。为了改进，一个人应该遵循计划-行动-观察的循环。
6. 抓住机会最大限度地提高个人技能。

新的境遇

1987 年 2 月，北野德永（Tokeshi Tokunaga）的女友、未来的妻子真智子（Machiko）给他看了当地报纸上一家企业的招聘广告。在 170 名应聘者中，包括北野德永在内的两名男子被这家叫作科米的公司选中。

北野德永的工作是新产品开发和营销。在潜在顾客中，书店似乎很有希望。然而，他发现，为了维护书店的尊严，一些较大的书店犹豫是否要在店内安装镜子。就像百货公司一样，他发现大型书店的员工很难被说服。

1995 年夏末，北野德永接到东京最大书店的电话，邀请他去书店与保安会面。北野德永在高中时经常光顾这家书店，因为他对戏剧和艺术很感兴趣，所以经常在书店摆放这些书的角落里消磨时间。

约定的时间是下午 4 点，但不知为什么，保安迟到很长时间。这个中年妇女为迟到道歉，并说她刚刚抓住一个跟踪了一段时间的商店扒手。她说，这些人通常穿着昂贵的衣服，看起来很绅士，他们的目标是昂贵的专业书籍。

她接着说，保安的工作不是在发现入店行窃时立即采取行动，而是跟踪有可能行窃的人。如果周围装了镜子，就有可能跟踪人的整个行动。如果没有镜子，这是不可能做到的。北野德永问她："你想看哪个区域的场景？"她说："我们就站在这里。看那根柱子，它挡住视线了。我想看看柱子后面。如果我走到柱子后面，马上就会被发现。所以我需要在它后面装一面镜子。"

北野德永让她列出安装镜子的理想地点，在公司评估之后，他去拜访了书店的总经理，说："你的保安说这是最好的安装地点。"一个月后，镜子便被安装到书店了。

由于镜子寿命很长，小宫山荣的公司有一个想法，即不断寻找新的机会来销售他们的镜子。

有一天，科米的零售商顾客寄来了下面这封信：

感谢科米镜子为我们改变企业文化所提供的帮助。

过去，我们有时会发现员工用“尖锐的目光”注视着顾客。这促使我们提醒自己的业务基础。我们 99%的顾客都是重要顾客，他们从我们这里购买产品。入店行窃的人只是他们中的一小部分。从这个角度来看，我们把镜子的用途从“观察可疑的人”转变为“为我们的顾客和员工提供良好的环境”。所以，我们决定不把这些镜子称为“监视的镜子”，而是“细心体贴的镜子”。

员工不在柜台时，他们可以从镜子里查看货架的情况，如果柜台前排了很长的队，员工会注意到这些顾客，这样他们就不需要等待太久。

当我们在镜子里发现顾客找东西时，员工可以迅速进入那个区域，帮助他们拿东西，或提供一个篮子或袋子。

换句话说，我们已经改变了工作方式，从盯着可疑的访客，到使用科米镜子帮助顾客和员工。

通过使用科米镜子支持我们的客户以及员工，我们增强了企业自信。

因此，我们将活动的重点从“监视顾客”转变为“为顾客以及员工提供帮助”。结果，员工“尖锐的目光”消失了。

货架上物品的丢失量下降到以前水平的50%。

航空业务的起点

1995年11月，科米的一名经理乘飞机从札幌飞回东京时，注意到乘客的行李架上有一面平面镜，但镜子并没有覆盖客舱的全部空间，而且表面有许多裂痕。他回到办公室后报告了他的发现，对客舱可以安装科米镜子的位置进行了全面研究。

1996年3月13日，科米的一组管理人员参观了位于东京羽田机场的A300空中客车维修中心，他们不仅进入飞机，还在客舱内安装镜子。了解了客舱内镜子的作用后，该中心的经理说："这是我们过去10年来一直在寻找的!"

日本航空前工程经理铃冢康（Yasushi Suzuka）这样描述小宫山荣：

> 第一次见到他的时候，我在日本航空公司负责工程技术组，处理与安全相关的设计和技术。一天，小宫山荣带着他的镜子原型来到我的办公室，说他想把镜子安装在日本航空公司的飞机客舱里。我告诉他，许多人向我提供新产品的样品。当我解释把它们放进机舱的复杂程序时，比如把它们放进飞机之前有复杂的测试程序和相关规则，他们都在那个阶段放弃了。
>
> 然而，小宫山荣不一样。他毫不气馁，微笑着接

受了挑战，说：“我明白。我会去做的。”

听了几次关于项目进展的情况介绍后，我觉得这个项目可能会顺利完成。在我意识到这一点之前，我加入并参与了这个项目。

我立刻决定在日本航空公司的巨型航班的材料舱内安装科米镜子。这意味着如果科米镜子可以安装在机舱内，就可以为在世界上所有的波音飞机上安装镜子找到一个方案。为此，它需要获得美国联邦航空管理局和波音公司的许可。这从来都不是一件容易的事，但小宫山荣最终获得了它们的许可。

科米的挑战首先是开发材料，这种材料必须很薄、不易开裂、防火，而且要特别轻。由于科米的员工习惯于满足顾客的要求，经过一个月的时间，他们便开发出这样的镜子，并获得了必要的认证。接下来的挑战是，如何找到一家对在飞机上安装科米镜子感兴趣的航空公司。

在协助科米在羽田机场进行实验的航空公司经理的帮助下，推荐信连同科米镜子一起被送往波音公司：

我们想介绍一家有趣的公司和它的产品。该公司是一家树脂镜子的生产商，镜子的表面是平的，但其效果与凸镜相同。镜子的特点是：（1）覆盖范围广；（2）防火；（3）重量轻；（4）两面都有胶带，易于安

> 装。如有任何疑问，请与科米公司联系。
>
> 1996年6月7日

两个月后，1996年8月16日，公司收到一份英文传真，附注如下：

> 关于空乘人员用来观察乘客行为的镜子，我们想了解你们的产品是否符合联邦机构和波音公司的要求。你们的样品没有编号，也没有耐用性的证明。没有证据表明其防火性能。图表中没有显示零件号。日本政府机构批准了吗?
>
> 波音公司使用你们的产品必须了解以下信息。
>
> 你们是如何控制生产过程的?我们需要知道从发出订单到收货的计划安排。由于指导方针的改变，我们可能在不久的将来需要你们的镜子，期待得到你们的答复。

小宫山荣说："我们请专家翻译这份传真，但没人能理解。我们是否应该回复?如果提供了生产控制信息，不就是公开了我们的技术诀窍吗?"

经过几封信的交流，波音公司零件采购部经理于1996年10月15日来到日本。会议取得了成功，科米提供了三个镜子样品。对小宫山荣来说，最重要的是双方之间的信任，这是通过通信和会晤建立起来的。

1997 年 1 月，美国联邦航空管理局的可燃性测试报告和抗热测试报告完成了。提供给波音公司的三个样品通过了全部测试。同年 2 月，也就是第一次会议的三个月后，波音公司发出第一份订单。

其他众所周知的信息

目前，超过 100 家航空公司在机舱内使用了科米镜子，20%的航空公司在行李舱内配备了科米气囊。公司的年销售额为 900 万美元。目前，公司有 35 名全职员工。

第 14 章

流 动

流动代表了精益生产和传统生产之间的基本差别。精益生产把流动放在神圣的位置上，而传统生产则完全无视流动，只追求生产的批量和速度。

在精益生产中，每一次流动的中断都被视为问题出现的信号。保持平稳、持续、快速的流动是减少成本、稳定质量、缩短生产周期的最简单方法。因为，每次流动中断，成本就会增加，库存就会增加，质量就会恶化，生产周期就会延长。

精益方法的目的是维持生产过程中平稳、持续和快速的流动，并围绕流动建立一个稳定的生产系统。

流动的益处

流动是现场中生产状态的一个可视信号。流动停止是问题出现的信号。

通过观察流动，可以解决流程中出现的问题，最终消除各类浪费。同时，平稳的流动可以减少流程间的管理控制点。

流动中的异常可以利用可视化方法进行检查和处理。一个简单的经验法则是，经过一年的流动实践，流程中的工作可以减少到之前的十分之一。

使用最少的时间

引入流动方法后，传统企业的生产周期将会缩短，作业人员的数量会显著减少。

消除 muda，mura 和 muri

Muda 指浪费，即各种类型的非增值活动。Mura 指不一致。Muri 指滥用。它们不会增加任何生产价值，只会导致流动过程中产生波动，延长生产周期。

改进质量

稳定质量最有效的方法是减少生产中的波动，保持平稳、持续的流动，将波动控制在最小范围内。

改变行为

努力帮助每个人关注细节，保持平稳、快速的流动。

改变文化

精益的引入将会给现场文化带来以下改变：

- 改善精神和文化

- 关注细节
- 实现自律和遵守承诺

车间里的混乱

车间里充满了扰乱平稳流动的异常状况。每当这种状况发生时，管理者的任务就是使其恢复到正常状态。

即使看似问题不存在，一切似乎都在控制之中，也应该警惕，如果任由其发展，车间里任何事情都会自行恶化。

如果将热力学第二定律中有关熵的概念延伸到车间管理，我们会得到这样的结论，没有建立可遵守的标准，车间的状态将会自动走向混乱。

这意味着车间里发生的一切，如产量、库存、安全、质量、退货、士气、自律、沟通和运营绩效，注定会自行恶化。

管理者的职责

当我和一群远离现场的管理者谈话时，我提醒他们，现场正在变差。预防这种情况的最好办法就是，即使管理者不在现场也要遵守工作标准。

这意味着当上级不在的时候，主管和班组长要承担起保持员工士气和自律的职责。

缺乏自律会立即表现为松散的 5S 状态。因此，观察 5S 状态是检查车间士气的简单方法。相应地，如果士气下降，则会看到更差的 5S 状态。

当车间正常运行时，精益之路的下一个挑战是以改善的精神持续优化当前的状态。因此，在车间里，应用精益方法追求更好的状态是永无止境的。

然而，在传统企业中，似乎没有明显的努力来维持现状，更不用说改善现状了。

建立平衡、持续和快速的流动

必须保持以下条件才能实现平稳流动。

全部生产工序，从原材料到最后的组装，必须形成一个平稳、快速的流动。

- 如果两项作业在物理上是分离的，就必须使用看板或其他方法来确保信息和物料平稳、直接传递给下一项作业。
- 从原材料到最终产品，所有的生产设备必须在同一生产顺序中进行布置。
- 如果存在一个孤岛（一个在物理上与主生产线隔离的作业），这项作业应该被纳入主生产线以消除运输的浪费或使用看板。
- 流动的最终形式是单件流，即一个特定产品从一个工序移动到另一个工序。

- 采用批量生产时，使批量尽可能小。
- 降低在产品和库存数量。
- 为每个生产工序的终点规定一个标准的库存，这是在传送到下一个工序之前允许保留的最低库存。
- 全部生产工序使用同样的节拍时间。
- 在任何可能的地方引入站立和行走的操作方式。
- 用看板来协调分离的工序。
- 在主要供应商和分销商间引入看板。

流动的类型

1. 物料流动
2. 信息（顾客订单）流动
3. 生产订单流动
4. 工艺布局中的流动
5. 设备布局中的流动
6. 操作者移动过程中的流动
7. 单件流
8. 在原材料和成品间，物料流动和信息流动贯穿整个过程
9. 物料和信息在企业内部流动
10. 与供应商之间的物料流动和信息流动

11. 不同企业间的物料流动
12. 信息在研发、生产和销售三个职能间的流动
13. 现金流（在整个过程中实现平稳、快速的流动时，现金流会自动改善）

物料流动的两种类型

物料流动有两种类型：水平流动和垂直流动。

水平流动

水平流动是指工序以水平方式布局，物料从上游（原材料）流向下游（产成品）。

1. 物料水平流动是从上游流向下游。上游工序是原材料加工，下游工序是组装生产。
2. 工序是水平布局的，物料从上游到下游在工序之间进行传递和加工。
3. 物料从上游流向下游时，传统方式和精益方式没有区别。

固定式生产中物料的垂直流动

在这种情况下，所有的组装工作都在一个固定的位置进行，材料以连续的方式被运送到相同的位置。这被称为固定式生产，用于汽车、机床、船舶、飞机、建筑等产品，所有的作业都在

一个固定的地点进行。

这些产品通常是重型物品，很难移动，每一个组件按照预定的时间表被送到相同的地点。流动要求每个组件根据预定的时间表以正确的顺序准时到达同一地点（称为“指定地点”）。“指定地点”这个术语的使用方式与歌剧院门票类似，显示的是具体时间和为持票者保留的特定位置。

信息流动

信息流动包括顾客订单和生产指令。

传统信息流动：从上游到下游

当启动生产的指令下达给第一个上游工序并转入随后的工序时，传统信息流动就开始了。它要求在各个工序之间进行各种类型的沟通和指令交换，需要很长时间，并且常常导致流程内部的误解和混乱。

精益信息流动：从下游到上游

精益信息流动与传统信息流动的方向相反。顾客订单被安排到最终产品组装的最后一道生产工序，一旦最后一道工序用完物料，信息就通过看板的方式被传递到前一道工序。

看板是附在被发送到下一道工序的产品上的一张信息卡片。

当看板被发送到之前的工序时，它就变成了一个生产和交付所需物料的指令，并且这个操作在工序间重复进行，直到信息到达生产的起点。

精益方法确实是满足顾客需求的准确可靠的方法，因为顾客订单是企业内部生产的起点。

因此，传统方法被称为推动系统，而精益方法被称为拉动系统。在推动系统中，每道工序为了自身的便利尽可能多地生产，并将产品输送到后续的工序。

在整个生产过程中，传统企业从生产开始到生产结束都缺乏这样一种整体的方法来满足顾客订单。在拉动系统中，现场实施的每一项活动都由顾客需求牵引。

工艺布局中的流动

精益流动在同一生产顺序中连接所有工序。如果一个特定的工序像孤岛一样与主线隔离，就要使用看板。

操作人员移动过程中的流动

操作人员的身体移动对于平稳、快速的流动和提高人均生产率起着至关重要的作用。第一个目视化的要求是站立姿势。坐姿作业限制了操作人员在特定区域内的活动，妨碍了自由的身体活动。

当操作人员站立工作时，不遵守工作标准将会导致在工作单元周围走动，从而造成非增值活动增加。

对操作人员应提供各类必要的培训，比如单件流、单元生产、多工序操作和标准作业等。

在设计设备和工艺布局时，必须考虑到尽量减少操作人员的非增值活动，比如在工序之间的走动。

当平稳的流动被打乱时，5S 有助于找出这些非增值活动。大野耐一的现场七大浪费就是一个便利的检查清单。

单件流

流动的最终形式是单件流。

在单件流作业中，单个工件在相同的生产顺序下经过各个工序，一旦在某个工序中完成加工，就被转移到下一个工序，这样，不会浪费时间。因此，没有额外的库存产生，也不会在工序中保持库存。

这是由丰田喜一郎提出的准时化生产的概念。大野耐一将这个概念在现场中以单件流的方式实现。

引入单件流的前提条件

在引入单件流之前，必须满足几个条件。首先，必须把所有工序设置在同一生产顺序中。

其次，设备必须设计成发生异常时可以自动停机。这种做法被称为自働化。当作业结束或发生异常时，设备可以像人脑一样自动停止。

自働化是为了让操作人员能够离开机器工作。否则，操作人员必须随时在机器旁检查异常情况。换句话说，自働化把操作人员从机器的枷锁中解放出来。

自働化是引入单件流作业的基本条件之一。在单件流作业中，应尽一切努力设计这样一种设备，使操作人员可以离开机器，因为设备具备出现异常时自动停机的能力。

最终结果是，只有一个完好工件从一个工序流转到另一个工序，每个工件都要经过操作人员的眼睛和手，一旦检测到异常，生产线就会停止，没有不合格品流到下一工序。异常的恢复随时在现场启动。因此，单件流保证了100%的检测。

据报道，传统企业的操作人员首先接受的是按下机器启动按钮的培训，而精益企业的操作人员首先接受的是按下机器停止按钮的培训。

自律和注重现场中的细节

在现场，严格自律和注重细节是关键。由于每一个工件都要接受操作人员的检查，所以整个生产过程实现了100%的检测。在生产线中首次引入单件流时，无须使用任何复杂的工具，就能显著提高质量，缩短操作时间。

使用最少的资源

平稳、快速的流动意味着使用最少的资源，包括人员、机器、材料、时间、工具和空间。换句话说，最低限度地利用资源意味着避免过度使用资源。

车间的作业只涉及两种类型的活动：增值活动和非增值活动。顾客只为增值活动付费。非增值活动，如在机器旁走动，就是浪费。从浪费的角度仔细观察车间的作业，我们发现大部分时间都在浪费。

库存

在传统生产中，库存是允许存在的，也被视为必要的。但是，在精益生产中，库存是罪恶，被大野耐一视为七种浪费之一。

在产品、零件、组件和产成品所累积的库存需要额外的人力、储存空间、输送机、集装箱、仓库，甚至需要计算机来管理它们。借用大野耐一的说法，库存就是浪费之上的浪费。

建立平稳的流动以实现最少资源的使用就像硬币的两面。实现平稳的流动需要使用最少的资源，它会自动减少流程中过剩的资源。

跨职能管理

一旦认识到在整个流程中实现平稳和快速的流动是管理的任务，就会很自然地把全部过程视为利益相关方，包括员工、供应商和分销商，他们互相协作以实现平稳的流动。企业内部和外部各职能部门之间的密切跨职能合作也是必要的。

如果我们比较一下传统管理和精益管理的优缺点，下面的差别就会很明显。

传统管理和精益管理的差别

1. 股东第一原则 vs. 顾客至上原则
2. 使用过多的资源 vs. 使用最少的资源
3. 较长的生产周期 vs. 较短的生产周期
4. 高库存 vs. 低库存
5. 质量问题多 vs. 质量问题少
6. 高生产成本 vs. 低生产成本
7. 满足市场需求的低灵活性 vs. 高灵活性
8. 机器生产率 vs. 员工生产率
9. 以财务改善为目标 vs. 以运营改善为目标
10. 低员工士气和自律 vs. 高员工士气和自律
11. 短期视角 vs. 长期视角

“我们与他们”和利益相关方

企业内部各职能部门之间的关系往往基于“我们与他们”综合征，每个职能部门都保护自己的地盘，从而无法为企业和顾客的共同利益而采用整体方法。质量、成本和交付的管理任务只能通过企业内外部所有职能部门和利益相关方之间的跨职能协作来实现。

第 15 章

评估企业精益状态的新标准：流动、同步、均衡（FSL）

到目前为止，已经提到我们需要两套公开准则来评估和审计管理状况，即财务和运营。财务报告体系是目前唯一用来审计财务绩效的公共手段。然而，还没有其他与之相对应的公开手段来评估和审计每家企业的内部精益运营状态。我们也提到了现有的企业可以分为两类，传统企业和精益企业。

传统企业是那些被诟病的企业，它们继承了传承百年的遗产，却没有采用丰田在过去 100 年里开发的精益方法。据估计，现今 99%的企业属于传统企业，仅有 1%的企业采用了精益战略。

本章将帮助读者认识传统企业和精益企业之间基本的差异，并介绍评估企业精益状态的好处。

FSL 评估和审计

在寻找评估和审计精益运营状态的方法时，我最终确定了以下三个关键词：流动、同步、均衡（FSL），它们是隐藏在精益战略背后的秘密。

流动

流动的概念是 20 世纪初在美国福特汽车的移动装配线上构

思并付诸实践的。然而，它只在福特汽车的总装线上使用，并没有延伸到其他生产环节。贯穿整个生产过程的流动概念的实现，要等到半个世纪后，丰田的大野耐一以流动概念为中心对丰田生产方式进行了改进和完善。

大野耐一在谈到老亨利·福特时总会充满敬意地说："如果老亨利·福特活得更长，他会像丰田一样扩展流动概念。"

虽然流动概念已经在丰田实践，但传统企业由于过于关注生产的数量和速度，忽视了流动作为管理哲学的基础。

找到传统企业和精益企业之间区别的一个简单方法就是去传统企业的现场看看流动状况。你会发现，传统企业生产过程中的流动不断地发生停止、停滞、断开、延缓、拥挤、扭曲、交错等情况。简而言之，没有发现通过管理建立的生产过程中平稳、持续和快速的流动。

建立一个平稳、持续和快速的流动是减少资源使用、保证质量、减少在产品、降低库存、缩短生产周期和降低成本最可靠的方法。每一次平稳的流动中断，成本就会增加，库存就会产生，质量就会受到影响，交货时间就会延长，灵活性就会丧失。在精益企业中，每一次流动中断都表明存在问题，必须立即处理。在精益术语中，改善是指处理流动异常的任何活动。

一旦流动扩展到整个过程，并连接所有工序和职能，就可以通过简单查看流动情况，轻松地审视全部生产过程，既可以在现场，也可以在上下游工序中。

只要在不同的工序之间建立起稳定的流动，一个管理人员就足以管理整个生产过程。如果在整个生产过程中没有建立起平稳的流动，则必须在每个工序中指派额外的管理人员。最理想的流动是从开始到结束只有一个管理人员来监督整个过程。

精益战略的最终目标是在生产中建立平稳、持续和快速的流动，连接企业的所有过程和职能。

流动一旦中断，会立即被发现，所有使用资源的工作就会停止，如涉及操作人员、机器和材料的工作，流动恢复时工作即刻启动。因此，流动可以带来以下好处：

1. 流动一旦中断，会立即被发现。

2. 使用最少的资源。

3. 减少在产品和库存。

4. 缩短生产周期和生产线长度。

5. 消除浪费（muda）、滥用（muri）、不一致（mura）的活动。

6. 保持和改善质量。

7. 通过遵守标准和注重细节，培育员工和组织的自律。

8. 鼓励在不同的职能和流程中开展跨职能合作。

9. 提升整个组织的士气。

10. 鼓励企业内外部进行跨职能合作。

同步（日语中的 doukika）

同步具有两种功能。一种是在分离的工序中生产与顾客订单同步的产品，另一种是使分离的工序之间的作业同步运行。批量越小越好，同步的最佳解决方案是采用单件流，即只有一个工件以同步的方式从一个工序流动到另一个工序，这是最高效、最稳定的作业方式。

大野耐一认为，“只有最终组装工序中的生产计划与顾客订单平衡，并且之前所有（上游）工序都同步，才可能实现均衡生产。如果之前的工序间不平衡，则没有办法控制最终组装过程。重要的是尽量缩短每次生产的最长和最短时间差”。

通过观察，大野耐一认为，如果生产波动（baratsuki）继续下去，随着产量的增加，很快就会失控。他考虑了如何改变传统生产控制的方法。他特别指出，如果最后一道工序（总装）突然需要增加一个新项目，就会导致所有之前的工序准备过剩的资源和库存，越往上游走，工作负荷越会变得难以承受。因此，他提出了均衡（heijunka）的概念，意思是平衡产量和生产周期，解决生产过程中出现的波动。

大野耐一说：“生产产品最简单的方法就是每天用相同的节拍生产相同数量的相同产品。”

当然，由于订单来自四面八方，事情并没有那么简单。为了控制波动的订单，他的建议是，以天为单位，引入均衡的方法，用以平衡每批产量、生产速度和生产时间。

因此，均衡流动成为丰田生产方式和精益战略的最重要的管理工具，用来处理顾客订单的波动，并在流动、批量、速度和生产时间之间找到最佳的组合。顾客订单是实现均衡的起点。这种做法与传统企业的常规做法有很大不同，传统企业从销售预测开始，而不是从实际顾客订单开始。

大野耐一说："顾客订单的波动是罪魁祸首，它会扰乱平稳的生产流动，造成流动的中断。"

均衡还意味着分解每日的生产负荷。实现均衡的第一步是将顾客订单分解到以天为单位。为了满足顾客的订单，作业和材料也需要以天为单位进行均衡，以便均衡作业、工艺、材料和设备，从而减少忽高忽低的批量波动。

传统企业忽视了生产批量和速度波动的影响。当顾客订单中的波动被均衡时，可以实现以下好处：

- 在产品和产成品库存降至最低
- 减少损失的机会
- 减少资源使用数量

均衡（日语中的 heijunka）

1962 年，大野耐一从机加工部总经理升职为丰田主要总装厂的总监，这时，他注意到相对较轻和容易生产的零部件月初就被送到了总装厂，操作人员的工作也比较轻松，但是，到了下半个月，由于重型零部件的增加，操作人员的工作负荷突然增加，不得不通过加班应对。

观察到这些波动现象后，他开始思考如何控制波动，改变传统的生产控制方法，最终他发明了均衡生产方法，以天为单位，用均衡的产品生产方式，建立平衡的流动过程。

制造业企业必须满足顾客多样化的订单，包括不同产品类型、数量和交付条件。然而，企业现有的员工、机器、材料、时间、生产设施等内部资源是有限的。考虑到这些情况，大野耐一引入了均衡生产方式，以天为单位，平衡月度顾客订单。

大野耐一说："由于订单量在高点和低点之间波动，所以必须把高点弄低，把低点弄高。由于顾客的订单每天都在波动，我们必须每天处理订单的波动，以保持总装工作的平稳运行。"

他说："最简单、最有效的生产就是每天以同样的数量、同样的方式生产同样的产品。"

均衡生产的引入需要最小批量，不同工序间的加工时间同步，起点是顾客订单。大批量生产会自动增加物料和作业时间的波动。

精益运营评估与审计：FSL

到目前为止，我们已经回顾了企业的两项基本职能，即财务和运营。财务报告提供了评估企业财务状况的公开手段，但必须强调的是，目前还没有其他公开的手段根据明确定义的方法来评估企业内部运营状况。因此，这个时候，建议企业采用以 FSL 命名的评估和审计方法，来衡量内部运营状况。

由于大多数企业都保持传统的运营方式，所以一般的企业都没有实现从传统到精益运营的转变。因此，建议所有传统企业都引入 FSL 评估。

这将是它们第一次参加这样的活动，并第一次了解其实际运营状况。只有一个条件可以保证精益项目的长期持续，那就是高层管理者的参与。

在精益专家中有一个流行的说法："如果精益引入三个月，然后终止，那么不管前三个月有多少改进，三天之后什么都没有了。如果精益引入三年，然后终止，三个月后就什么都不剩了。"如果高层管理者没有参与，这种情况就会发生。

企业内外的工作环境都在不断变化，与此同时，在精益引入早期阶段参与的人员，很可能职务已经发生变化，或离开了企业。

评估企业当前的 FSL 状态

首先根据 FSL 状态审视全部作业步骤，并记录平稳、持续和快速的流动受到干扰的地方。如果发生小的异常，有关人员会立即在现场进行处理。如果需要专业评估，可以派遣有经验的 FSL 专家，每月对精益状态进行一天的评估，记录流动中断的每一个步骤，并将报告发送给 CEO。

与此同时，审核人员可以通过巡视现场，并检查现场的三项改善活动（标准化、5S 和消除浪费），来进一步评估 FSL 状态，特别是总体流动状态，因为流动是显示现场当前状况的一个信号。

当天结束时，编写报告并发送给 CEO，他在评估 FSL 状态中起着至关重要的作用。

CEO 的角色

在过去的 30 年里，我组织了许多西方高管在日本游学，带他们去实施精益战略的工厂。以下是他们对日本高管在引入精益运营中的作用的简要总结：

1. 高层管理者的参与和支持是显而易见的。
2. 系统、长期地执行计划。
3. 有很好的现场信息反馈。
4. 高层管理者清楚地了解现场所发生的事情。
5. 图片、图表、照片等作为可视化的标志，在现场展示。
6. 非常强调岗位培训。
7. 通过图片和图表展示现场的精益状态。

8. 开展分级培训。

9. 5S 作为现场管理的基础。

10. 小的改进留给现场；管理人员和工程师负责重大的改进工作。

11. 全员参与：每个人都参与其中，包括供应商。

12. 日本和其他国家在技术和机器方面并没有太大的不同，但这些技术和机器的使用方式不同。

13. 现场是企业的心脏。现场是赚钱的地方。

那些尚未走上精益之路的传统企业仍将感到困扰，除非高层管理者做出承诺，接受精益战略。

在向 CEO 和其他高层管理者进行精益战略的公开演讲时，我曾经说："走上精益之路，有三个至关重要的要求，第一是高层管理者的承诺。"说完，我会暂停，等一些人拿起笔记下我接下来要说什么。然后，我继续说："第二是高层管理者的承诺，第三是高层管理者的承诺。"这时，房间里充满了笑声，我继续说："这不是一件可笑的事。问题是，大多数企业都是由经验和权力有限的中层管理者开始精益之旅的。"

接下来，我以"克里斯托弗·哥伦布式管理"[①] 作为结语："他起身的时候，还不知道要往哪里去。"

---

① 克里斯托弗·哥伦布（Christopher Columbus）是意大利的著名航海家，是地理大发现的先驱者，曾经被认为是第一个到达美洲的探险家。借此说明实施任何管理方法都要有明确的目标，否则是徒劳的。

“他到了那里，却不知道自己身在何处。”

“他回来的时候，却不知道自己到哪里去了。”

“而且他都是用借来的钱做的。”

我希望，当传统企业的高层管理者决定开启精益之旅时，他们至少知道自己要去哪里。

要建立一家世界级的精益企业，需要 CEO 和董事会做出决定，并把它作为一项长期战略。然而，到目前为止，我还没有听说有哪位 CEO 和董事会宣布这样一项长远的决定。

精益战略的准则

以下是确保精益战略成功实施的条件：

1. CEO 和董事会决定启动长期的精益战略。
2. 精益战略的引入必须采用自上而下和自下而上结合的方法。
3. 它是整个企业的战略，从现场评估企业当前的精益状态开始，并审视整个供应链管理，包括企业内部和外部。
4. 任命一名高层管理者负责该项目，持续记录企业月度 FSL 评估活动，并向 CEO 报告。
5. FSL 评估应每月进行一次。

第 16 章

流动和丰田生产方式

我从各个角度回顾了半个多世纪以来丰田的运营情况，认为丰田成功的秘密隐藏在整个流动系统中。虽然丰田利用每一个机会公开诠释它的哲学，但我好奇有多少人能够认识和欣赏丰田真正的策略，从流动的概念开始，这对丰田来说是如此自然，但却难以向外界解释。

首先，让我们从术语“流动”开始。流动指的是在日常工作中发生的材料、作业、信息和其他活动的流动。

下一个问题是，朝哪个方向流动？

上游吗？绝对不！下游吗？肯定是的。在丰田看来，一切都是顺流而下，直至最终到达消费者手中。人生之路，没有逆流而上，只有顺流而下。丰田把丰田内部和供应商的所有工作都看成上游，最终的目标是他们的顾客。

丰田的所有道路最终都是面向顾客的，这真的是一幅壮丽的风景，顾客不仅是他们关注的中心，而且高于一切。

只有当看板被用作一种驱动上下游流动的手段时，流动才会逆流而上。

丰田生产方式的本质

丰田生产方式是在彻底消除浪费的基础上，追求制造的合理性，并提高生产能力。

它采用了一种新的实践，即下一道工序从上一道工序获得它需要的东西，而不是接受上一道工序必须提供给下一道工序的东西。

丰田生产方式的另一个特点是自働化，即机器被设计成在作业结束或发生异常时可以自动停止，这样操作人员就不需要在发生异常时检查机器。

丰田生产方式基于节拍时间、作业顺序和标准化操作。节拍时间是指操作人员完成作业所需的工作时间，以分钟为单位，由生产主管根据操作人员数量和工作量来确定。

下面用丰田自己的语言描述这个系统。

均衡

均衡是指巧妙和有效地分配工作，以使准时化（JIT）生产计划正确地执行。我们必须在一天、一周和一个月中平均分配不同类型产品的生产。这种均匀分布就是我们所说的均衡（顺序计划）。

你在前面看到了丰田如何执行生产计划来指导工厂的生产。在这部分，我们将向你展示如何设计符合这些计划的生产序列，以保持成本受控。

根据每天的生产计划，工厂主管决定每天产品生产的准确顺序。这就是所谓的均衡（顺序计划）。

均衡意味着在生产过程中均匀分配产量和品种。因此，这些工厂的产量每小时甚至每分钟都与经销商每天销售的各种车型的变化相对应。

参观丰田工厂时，你会看到不同类型的车体在同一条装配线上移动。我们在一天中均匀交错地生产不同的车型，这样做是为了高效利用生产的基本工具、人员和设备。

例如，我们可以整个上午生产一种类型，下午生产另一种，晚上生产第三种。但这与经销商销售的变化的车型有很大差别。因此，会产生长期的产成品库存和等待的顾客。此外，集中生产将导致生产高峰，给前道工序的团队带来不均匀的生产负荷。会出现有的团队忙、有的团队闲的情况，人员和设备的利用也是没有效率的。

因此，我们会在每天的装配过程中平均分配产成品库存。这将帮助我们使用最少的人员和设备，完成该工序、前道工序以及工序间的运输。

当然，为了正确地实现均衡，员工、生产设备和运输能力必须能够满足各类任务和产品。因此，工厂培训员工学会配置他们使用的设备和运输能力，处理每日不同类型的任务以实现均衡。

建立并保持均衡生产顺序

车体生产是均衡生产顺序计划实施的起点，仅在这个环节需要输入均衡生产顺序的信息，这是由于生产过程或多或少地以同样的顺序生产车辆，从车体到喷涂，从总装到运输。我们开发了可适应多种车型的生产和检测设备。这些设备具有灵活性，使我们能够保持均衡生产顺序。

确保生产线上成千上万的汽车零部件即时可用是至关重要的。为了达到这个目的，生产线上的每个工位都备有各种零件和材料的少量库存。

操作人员只有在使用上述零件和材料之后，才会要求补充额外的库存。

看板：通过生产顺序拉动作业

看板是运行准时化生产系统不可缺少的工具。它促进了生产的均匀流动，以及在加工和运输的不同阶段工作的均匀分配。

为了有效地实施生产计划，我们必须保证向汽车装配厂供应数千种零部件，包括：车身部件、发动机、变速器和车轴；座椅及其他内饰件；动力传动系统组件；许多其他零部件。及时地向装配厂供应这些零部件是实现短交货期的关键。我们通过拉动系统来实行丰田生产方式。

丰田生产方式要求只生产和运输必要的零部件，也就是说，按照工厂或下一道工序已经使用的零部件的品种和数量，补充相应的零部件。每一道工序都可以随时获得它所需要的，没有人生产或运输不需要的零部件。这有助于消除浪费和降低生产成本。

在丰田，生产中的每一道工序都会拉动前一道工序补充零部件到库存中。这与传统的推动系统不同，在传统推动系统中，每一道工序将其生产的产品运送到下一道工序，而不考虑该工序的实际需求。

因此，我们在一个工厂的一道工序中使用的品种决定了同一工厂前面工序的生产安排。我们在总装厂使用的品种决定了零部件厂的生产。

人们通常称这种形式为看板系统，因为看板是我们用来管理作业流动的主要工具之一。看板通常——但并不总是——是印在透明塑料盒里的卡片，它传递着准时化生产中物品流动的信息。

在丰田的准时化生产中，有两类看板：零件取料看板和生产指令看板。

我们在生产过程的每个步骤都使用零件取料看板，从前一道工序中获取指定的零件，以补充使用的零件。在内部供应零件的情况下，生产过程中每一道工序的员工使用零件取料看板，提示前一道工序他们已经消耗的零件库存，前一道工序应该生产更多这个品种的零件。在从外部供应商获得零件的情况下，我们使用类似的看板将该信息传达给供应商的工厂。

与此同时，生产指令看板被附在一个生产工序已经完成的零件上，它等待被下一道工序取走。下一道工序取走这个零件时，它被从零件上移除，并作为下一个生产指令返回到该工序中。

我们使用一种生产指令看板——工序内看板——将生产指令传达给只生产一种零件的工序，在现场，不同种类零件生产的换线时间非常短。另一种生产指令看板——信号看板——将生产指令传达给批量加工现场，这些现场生产的产品需要很长的换线时间，并且生产这些产品的速度比我们在后面工序的需求要快。

因此，看板有助于在生产过程的各道工序之间建立紧密的、有机的联系。这种联系意味着将一道工序中均匀分配的工作转化为前面工序中均匀分配的工作。

因此，可以说，看板是整合信息流动和物料流动的手段。

第 17 章

张富士夫与大野耐一

丰田汽车公司前总裁、董事长兼名誉董事长张富士夫写下了他在职业生涯早期与大野耐一的经历。

当大野耐一被提升为制造总监时，他的新职责包括张富士夫负责的“临时外包办公室”的运行。如果丰田的工厂暂时无法满足所需的产量，张富士夫的办公室的职责是做出决定，将工作转包给丰田的供应商。

有一天，张富士夫得知大野耐一将去他的办公室。大野耐一曾被提为制造副总裁。

那时，大野耐一已经在丰田内部树立了一个强硬、可怕、从不接受否定的形象。大野耐一获得了一个绰号“小胡子”，每当“小胡子来了”的警告传出时，整个现场都在颤抖。为了让人们措手不及，大野耐一会在一天中意想不到的时间从不同的入口进入车间。所以张富士夫在心理上已经为与大野耐一的第一次会面做好了准备，但发生的事情显然超出了他的预期。

第一次意外发生在张富士夫向大野耐一解释“临时外包”的工作时。张富士夫解释说，如果丰田工厂的产能暂时不足，无法满足需求，生产将被转包给供应商，当丰田的产能恢复时，工作将从供应商那里收回。他的部门的职责是做出决定，要么将工作转包给供应商，要么在丰田内部寻找其他方法来生产所需的数量。因此，他的办公室被称为“临时外包办公室”。张富士夫为自己的工作感到自豪，因为他相信，通过将困难的任务转包给外部供应商，他为丰田的利润做出了贡献。

张富士夫解释完后，大野耐一说：“你为什么做这样的蠢事!”老实说，张富士夫不知道为什么他的工作是“如此愚蠢的事情”。

大野耐一说：“记住，即使合同只持续一个月，供应商也必须准备好人员、材料和机器。如果你在一个月后终止订单，他们会怎么样？一旦你向供应商下了订单，就别指望能收回。”

说完这些话，“临时外包办公室”被永久关闭。“老实说，我从来没有以那种方式考虑过我们的供应商，”张富士夫说，“大野耐一告诉我们只外包量产产品，这与我们的正常做法相悖。我们曾认为，丰田的最大利益在于专注于量产产品，以获得量产的全部好处，并将小批量的产品外包给供应商，这些产品给我们带来的利润并不多。”

大野耐一告诉我们：“当你去拜访供应商，请他们为你提供你难以生产的产品时，你会深深地低下头，请求他们帮助你。当然，因为他们能做你不能做的事，你的薪水应该减少到他们员工的一半。”

大野耐一从不接受车间由于缺乏人员、空间和设备等原因而提出的转包要求。他说，唯一能把工作转包给供应商的时候就是没有工作可做的时候。

有一次，大野耐一拒绝了车间因为人员短缺而提出的转包要求。张富士夫期待着生产线的管理人员会很快回来寻求帮助，但什么也没有发生。后来，他发现，由于提高了生产能力，工厂可以在不增加人员的情况下满足增加的订单。大野耐一笑着说："你们这些家伙剥夺了我们基层员工改善的机会。"

张富士夫说："事后看来，他认为丰田有责任承担困难的任务，并与供应商分享经验。在他看来，丰田公司内部和外部的所有流程都是相通的。"

后来，大野耐一决定设立一个特别工作组，将丰田的方式扩展到丰田的主要供应商，并派出张富士夫、津村菊男（Kikuo Suzumura）、佐藤光敏（Mitsutoshi Sato）等几个人。他们的主要目的是传播在丰田工厂发展的流动实践。

在大野耐一的著作《现场管理》（1982 年出版，2013 年修订）中，张富士夫在前言中写到"看待事物和思考事物的精益方式"：

> 大野耐一被认为是一位有影响力、受人尊敬的商业领袖，但对我来说，他既是一位良师益友，也是一位令人生畏的严厉的老师。我一生的财富之一就是能

够直接向他学习“现地现物”的基本知识。大野耐一先生开创的丰田生产方式不仅仅是一种生产方式，还是一种看待和思考事物的方式，它对我的生活方式产生了深远的影响。

大野耐一先生是现场管理和基于事实原则的彻底拥护者。通过在工厂现场的反复试验，他建立了一个坚持不懈地追求消除浪费以实现成本降低的系统。他的信念是，真理存在于现场（工作场所或行动发生的地方），而理论只是想象的产物。

大野耐一先生的创造基于这样一种信念，除非培养员工，否则企业就无法发展。他在创建丰田生产方式的过程中，提出了基于实际工作的“三现主义（现场、现地、现物）”，通过这些工作，我们与他“斗智斗勇”。这就是他作为一个伟大的教育家所提倡的实干的人力资源培育。

这本书讲述了大野耐一先生教给我的用“现地现物”法看待和思考事物的方式。每读一行，我的记忆便浮现出来，好像又回到了那里。这本书是大野耐一先生将他所有的知识和智慧清晰而温柔地传达给后代的媒介。这是一份珍贵的记录。

从我在美国工作的经历和我管理一家全球性企业

的经验来看，我相信这本书中包含的知识和智慧不仅适用于日本，而且适用于所有国家。

我真诚地希望这本书对人力资源开发有所帮助，并帮助所有读者重新思考他们看待和思考事物的方式。

向大野耐一学到的内容

张富士夫还回忆说，他从大野耐一那里得到很多有价值的指导，并学会了处理业务的方法。张富士夫过去认为库存是自动积累的，但他了解到，大部分库存是生产过剩而产生的，当没有内部流程来控制库存时，库存就会自动积累。他还了解了为什么生产顺序很重要。如果生产线上有各种零件，那么设置订单优先次序方面的错误会导致下一道工序中的材料短缺。但这种错误经常被解释为能力不足，从而导致错误的对策。他还从大野耐一身上学到了为什么不能把过去的数据当作平均产能。张富士夫的主要观点是，除了精益技术外，我们必须详细阐述所有这些知识，以教育和培养员工，这些是建立丰田生产方式的基础。

第 18 章

开展 FSL 评审

企业可以从评审自己当前的 FSL 状态中获益良多。每次评审将让管理层了解 FSL 成功实施的地方，以及企业需要进一步改进的地方。这种 FSL 评审应每月开展一天，直到实现彻底转型。

本章将提供各个运营主题的清单，展示每个企业典型的传统车间活动。需要站在如何与精益 FSL 实践相关联的角度来仔细评审每个项目。

在进行此类评审时，应考虑传统企业和精益企业之间的区别。

业务运营的两种类型

下表列出了精益企业和传统企业的区别。

精益企业与传统企业的区别

	特征	精益企业	传统企业
1	目标	获得顾客	打败竞争对手
2	优先级	建立 FSL	没有既定目标
3	内部信息	共享、公开	限制、封闭

续表

	特征	精益企业	传统企业
4	技能发展	去专业化	专业化
5	管理关注点（1）	过程和结果	只有结果
6	管理关注点（2）	跨职能	职能内部
7	管理优先级	变革	常规
8	培训	支持和控制	控制
9	员工	资产	成本
10	员工激励	强	弱
11	主管	教练	上级
12	问题识别	现场	未知
13	问题诊断	现场	会议桌
14	对待错误	财富	批评
15	程序	动态（灵活）	静态（刚性）
16	行政人员	服务车间	车间的批评者
17	车间（关注点）	改善的源头	问题的源头
18	工作方法	精益导向	问题导向
19	工会	伙伴	可容忍
20	培训	所有员工	仅行政人员

两种类型的比较

1. 管理技能发展。在传统企业中，很少关注 FSL 等新技能的培训，后果是每位操作人员只以传统的方式参与工作。

2. 管理信息。在传统企业中，管理者通常只是自己持有信息，不与他人分享，这在企业内部造成了一种“我们与他们”综合征。
3. 管理关注点。精益方法让员工参与各种解决问题的活动，以便理解过程和结果之间的关系。将前一道工序看作工作的输入，后一道工序看作顾客。在传统方法中，每个人都倾向于将其他人视为潜在的“敌人”，并保护自己的地盘。
4. 将员工视为成本还是资产？在传统企业中，员工被视为成本。在精益企业中，员工被视为有价值的资产。
5. 员工激励。在精益企业中，把发现员工优点作为评价出发点，而在传统企业中，把发现员工弱点作为评价出发点。
6. 管理风格。在精益方法中，主管被视为教练，而在传统方法中，主管被视为上级。
7. 解决问题的方法。精益方法会问，是如何发生的？传统方法会问，是谁干的？
8. 解决问题的地点。在现场还是在会议桌边？在精益企业中，现场发现的问题由管理者和员工立即处理，而在传统企业中，管理者更喜欢坐在会议桌边讨论问题。

9. 错误等同于财富，还是批评？

10. 程序变更。动态 vs. 静态。

11. 行政人员。服务车间 vs. 车间的批评者。

12. 车间。改善的源头，还是问题的源头？

13. 工作方法。精益导向 vs. 循规蹈矩的问题导向。

14. 工会。合作伙伴 vs. 可容忍的。

15. 培训。对所有员工 vs. 只对行政人员。

精益企业的特征

1. 流动一旦中断，立即被发现。

2. 使用最少的资源。

3. 减少在产品和库存。

4. 缩短生产周期和生产线长度。

5. 消除浪费（muda）、滥用（muri）和不一致（mura）的活动。

6. 保持和改善质量。

7. 通过遵守标准和注重细节，培养员工和组织的自律。

8. 鼓励在不同职能和流程中开展跨职能合作。

9. 提升整个组织的士气。

10. 鼓励组织内外部进行跨职能合作。

实施 FSL 的主要活动

实施 FSL 的检查表

1. 5S 活动
2. 标准作业（异常处置程序）
3. 生产节拍（周期）时间
4. 目视化管理
5. 设备和工位布局
6. 多工序操作和多工序培训
7. 人机作业分离
8. 目视化控制（生产控制板）
9. 缩短换线时间
10. 减少孤岛
11. 减少搬运
12. 车间中互相帮助
13. 灵活配置人力资源（少人化，shojinka）
14. 标准库存
15. ABC（activity-based classification）分类库存控制法
16. 建立流动
17. 单件流

18. 取消仓库
19. 引入看板
20. 订单录入系统
21. 容器尺寸
22. 在容器中安排在产品
23. 批量大小
24. 建立生产线（混合线、专用线、u形线、单工位）
25. 用均衡的方式处理顾客订单
26. 改变销售、生产和其他职能部门的角色
27. 与供应商建立新的关系
28. 将流动延伸到上下道工序
29. 建立流水车间
30. 以流水的形式布置机器
31. 防差错装置
32. 自働化装置

与人相关的改善工具

1. 培养多技能员工（技能展示看板，显示多技能员工的比例）
2. 技能认证系统
3. 分离标准作业和非标准作业

4. 作业标准（是否展示?）

5. 标准作业组合表

6. 单点课（是否展示?）

7. 生产线互助

8. 建议系统（展示范例）

9. 品管圈

10. 以改善项目为导向的管理（显示项目清单和范例）

11. 员工轮岗（显示数量）

12. 员工轮岗报表

13. 惊吓事件报告

14. 安全记录，频次和严重度报告

15. 临时存放物品的浪费

16. 作业期间离开工位

17. 等待的浪费

18. 自律（在遇到清早、班次开始、中间休息结束等情况时，是否准时报到并准时开始工作？是否遵守标准，保存记录?）

19. 主管的角色（详细说明主管的角色）

20. 每个单元是否都有改善的目标?

精益状态的基准数据

1. 防差错装置安装数量

2. 标准作业

3. 多技能员工的比例

4. 作业标准修订

5. 异常快速恢复

6. 多技能看板

7. 生产控制看板

8. 单件流

9. 作业姿势（坐、立、行走）

10. 产品数量分析

11. 直通率

12. 停工率

13. 现场改善会议数量

14. 切换时间缩短

15. 后道工序拉动流动

16. 少人化

17. 异常处理程序

18. 自働化

19. 领跑者

20. 防差错装置

21. 目视化管理

22. 标准作业活动

23. 看板系统

24. 直线管理

25. 人机布局

26. 不良降低率（与一年前比）

27. 内部改善专家比例

28. 库存水平

与质量相关的改善工具

1. 质量标准清单

2. 不接受、不生产、不传递不合格品

3. 异常处理程序

4. 换班时进行首末件检查

5. 展示不合格品

6. 准时交付记录

7. 人员作业和机器作业分离

8. 生产线员工有停线的权力

9. 早会（工具箱会议）

10. 现地现物解决问题

11. 惊吓报告

12. 顾客投诉（如何处理顾客投诉，并保存记录）

13. 进料拒收率

与设备相关的改善工具

1. 5S
2. 自主维护
3. 短暂停工（是否保存了记录?）
4. 节拍/周期时间
5. 缩短转换时间
6. 布局调整
7. 多工序作业
8. 减少搬运
9. 单点课
10. 标准化系统
11. 每班次检查首末件
12. 设备、工装夹具管理
13. 展示不合格品
14. 早会（设置会议记录表）
15. 异常处置程序
16. 人机作业分离
17. 领跑者
18. 物料流动是通过托盘、溜槽，还是单件流?
19. 防差错装置
20. 自働化步骤

21. 当前 OEE（设备综合利用效率）

22. 低成本自动化

现场巡查清单

以下是帮助现场巡查者的清单。这是一种识别 FSL 当前状态的简单方法。

观察操作者的作业

你在车间里看到多少人没有创造价值？比如：

- 是否四处走动？
- 是否站着等待物料到达或机器停止？
- 是否离开工位寻找东西？
- 是否使用双手？
- 是否相互交谈？
- 是否坐下工作？
- 是否遵循标准化作业？
- 从事增值工作的员工和辅助的员工是否有区别？
- 操作人员从机器工作中解放出来了吗？（操作人员和机器之间的工作分离）

观察 5S

- 看到有什么东西掉在车间了吗？

- 看到机器下面的油盘了吗？
- 是否有不需要的东西留在现场，如夹具、工具和模具？
- 一切东西都在正确的地方吗？
- 是否实行了三定原则（在产品数量、指定的位置和运送时间）？

目视化管理

以下项目出现异常时是否目视化？

- 人（标准作业、多技能地图、单点课）
- 机器（andon，日语意思为灯），OEE，短暂停工
- 物料（看板、超市化、转运）
- 方法（有任何异常情况处置的指导吗？）
- 测量（生产控制板、质量、生产能力、改进目标）

流动状态检查表

1. 5S
2. 标准化
3. 消除浪费
4. 目视化管理
5. 节拍/周期时间
6. 单件流

7. 孤岛

8. 搬运

9. 多工序操作

10. 多工序培训

11. 快速换型

12. 标准库存

13. Andon

14. 批量

15. 看板

16. 超市化/转运

17. 人机分离

18. 先进先出

19. 生产控制板

20. 订单录入系统

21. 低成本自动化

22. 自働化步骤

现场改善诊断检查表

管理任务

1. 高层管理者：如何支持精益引入？

2. 打造什么样的组织内部晋升系统？

3. 如何保持精益状态?

形成FSL的工具

1. 5S活动（当前5S活动的水平如何?）
2. 实现流动（制作一个主要产品的工艺流程图）
3. 标准化作业（展示装配和其他工序的标准化作业）
4. 异常处理程序（操作人员是否知道发生异常时应如何处理? 标准有规定吗?）
5. 生产的节拍/周期时间（节拍/周期时间是生产的基础吗?）
6. 单件流
7. 目视化管理（目视化管理达到了何种程度?）
8. 设备和工位的布局调整（为了实现流动，上一次布局调整是什么时候?）
9. 多工序操作和多工序培训（操作人员是否接受过从事一种以上操作的培训? 是否显示在多技能看板上? 多技能人员的比例是多少?）
10. 操作人员的工作和机器的工作分开
11. 快速换型（当前的换型时间是多久? 写下设备的名称和能力。显示换型的标准。与一年前的时间对比。）
12. 消除孤岛（是否有工序与主线分离?）

13. 将部装线连接到主生产线上（是否有部装线已经连接到主生产线上以形成流动?）
14. 减少搬运
15. 减少工序间的距离
16. 三定原则（指定的位置、数量和运送时间）（所有材料、在产品和产成品是否按指定的数量放在指定的位置? 车间内是否有没有标识的物品?）
17. 转运
18. 先进先出（是否执行先进先出?）
19. 操作人员在生产线互相帮助（有范例吗?）
20. 标准库存（每个工序和仓库是否规定了最低库存?）
21. 防差错装置（你使用过任何防差错装置吗?）
22. 生产控制板（是否在生产控制板上保留每小时的生产记录?）
23. Andon（用灯吗? 当机器出现异常时，如何沟通? 多快能解决这个问题?）
24. 作业类型（定制化生产还是批量生产?）
25. ABC 库存分析（是否进行过 ABC 库存分析以达到均衡目的?）
26. 生产指令的时间安排（在什么时候发出开始生产的指令?）

27. 少人化，灵活安排人力（当产量减少时，是否减少操作人员的数量?）
28. 生产线形式：混合线、专用线、u形线、单工位
29. 取消仓库（仓库的库存水平与一年前相比如何?）
30. 看板（如何沟通以从前面工序获取物料并开始生产?）
31. 订单录入系统（销售人员在多大程度上与顾客进行交易以实现均衡的目的?）
32. 容器尺寸和容器内零件的排列方式
33. 批量
34. 为均衡目的而使用的资源（如何平衡操作人员、设备和材料?）
35. 按产品类型、人员分配和工艺布局进行均衡
36. 支持部门与现场的角色变化（现场与其他部门的关系发生了什么样的变化?）
37. 引入循环取货（实践到了什么程度?）
38. 制定供应商评估标准
39. 不良降低率
40. 七种浪费（我们看到的是哪种浪费?）
41. FSL是如何延伸到上游和下游的?

第 19 章

建设持久的阵地，精益战略

精益方法的优点半个多世纪前人们就知道了，但很少有企业成功地将其确定为企业战略。

是时候让高管和董事会认识到传统战略和精益战略之间的基本区别了。精益战略既是一种自上而下的战略，也是一种自下而上的战略。随之而来的是，所有业务步骤都被连接在从开始到结束的漫长而连续的运营过程中。员工需要根据顾客的期望，通过实施标准化作业，保持全部生产过程平稳和快速的流动。

对比

两种运营系统之间的对比可概括如下：

1. 顾客至上 vs. 股东至上
2. 使用较少的资源 vs. 使用过剩的资源
3. 较短的生产周期 vs. 较长的生产周期
4. 最少或零库存 vs. 高库存
5. 很少质量问题 vs. 很多质量问题
6. 最低的生产成本 vs. 高生产成本

7. 满足多样化市场需求方面的高灵活性 vs. 低灵活性
8. 关注人和机器效率的价值 vs. 仅关注机器效率

引入精益战略失败的原因

精益的引入从最接近顾客的车间开始。流动在车间实现之后，将延伸到上游职能（开发和设计）和下游职能（生产、销售和营销）以及供应商、分销商和经销商。

当流动作为一种企业战略延伸到整个供应链管理时，流动管理的好处才能体现。

引入精益战略失败的原因有以下几点：

1. 在传统企业中，精益实践是零零碎碎引入的，而不是作为一种企业范围内的组织战略而引入的。
2. 引入精益战略通常由中层管理者自发进行，而没有得到高层管理者的支持。因此，无论取得了什么改进，都是局部的和孤立的。
3. 精益是一个短期项目。精益的引入是一个长期的过程。正如商业环境每天都在变化一样，企业运营也在不断变化。管理的任务是以天为单位保持运营改进，这意味着引入精简是一个涉及组织中每个人的长期战略。

因此，如果精益与高层管理者的承诺相结合，则从车间角落开始的项目可以发展成为企业的长期战略。如果管理层没有认识到引入精益是一个长期战略，而将它视为一种时髦，它永远不会被提升到企业长期战略的高度。这是精益在许多企业失败的另一个原因。

如果精益是一项长期战略，那么没有高层管理者的支持和承诺，它的目标将永远无法实现。许多企业声称它们已经引入了精益方法，但如果缺乏高层管理者的全面支持和承诺，则仅仅是皮毛而已。

引入精益的缺点之一

精益引入很长时间后，它的优点才会表现出来。对于任何企业来说，要看到引入精益的真正好处，需要很多年的时间，这就是为什么高管们不希望引入精益，因为在任期内可能不会立即产生效果。

丰田生产方式是由丰田章男和丰田喜一郎等先行者发起的，后来，丰田汽车公司的高层管理者也在追随丰田生产方式，如大野耐一。

从 20 世纪中期开始追赶美国汽车工业的运营改善，到后来延伸为在流动概念下让供应商和经销商共同参与的独特管理策略，大野耐一将它从车间的一角逐步延伸到全球物流和运营中心，它的影响一直持续到今天。

缺乏评估运营系统的标准

管理层未能接受精益的原因之一是缺乏标准来评估企业当前的运营状况。

编制财务报告是为了评估企业的财务业绩。首先由内部会计人员编制，然后由注册会计师为公众审计其真实性。管理层的业绩是根据财务报告来评估的，包括税收和股息的确定、利润的分配、股价的涨跌。

当前，财务报告制度是评价和审计企业业绩的唯一手段，这驱使企业高层管理者追求短期利益，尽最大努力美化短期财务数据。

遗憾的是，迄今为止还没有被全球认可的审计体系来评估和审计每个企业的内部运营状况。

精益系统的长期好处是众所周知的。然而，即使 CEO 没有接受精益而是继续坚持传统系统，与企业绩效有切身利益关系的相关方，甚至董事会成员和金融机构也不会向 CEO 或董事会指出他们不接受精益战略是一种过失。为什么？因为没有什么公开手段可以指责高层管理者对建立精益运营系统缺乏兴趣。我的答案是，建立全球认可的标准，以与企业财务报告编制过程基本相同的方式，评估和审计每个企业的内部运营体系。我们必须揭示传统企业的魔咒，因为它们忽视了追求精益的方法，只追求产出的数量和速度，完全忽视了实现平稳、持续和快速流动的好处。在全世界接受这种审计之前，评估一家企业的 FSL 状态会提供一个准确的视角，据以了解该企业在精益实践方面所处的位置。

精益战略的重要性

下面的例子说明了精益战略的重要性。

库存管理：联合碳化物公司案例

1984 年，联合碳化物公司在印度博帕尔市的工厂发生气体泄漏，导致 3 787 人死亡，附近城镇的 50 多万人暴露在有毒化学物质中。后来的一项研究显示，20 世纪 80 年代早期，该工厂生产的杀虫剂的需求已经大大减少，但生产仍在继续，并积累了有毒 MIC（甲基异氰酸酯）的库存，这是生产杀虫剂所需要的一种副产品。

泄漏的是当时不需要却储存的气体。如果不是作为库存，就不可能发生这样的事故。

日本烧津隧道

1979 年，位于东京和名古屋之间的主要高速公路上的日本烧津隧道发生火灾，造成 7 人死亡，173 辆汽车被烧毁。这是日本历史上最严重的隧道事故之一，需要60天才能恢复正常。

日本东部生产的大部分汽车零部件都是通过这条隧道运送到丰田装配厂的，据报道，工厂经理们互相打电话询问工厂何时会关闭，最快关闭工厂的经理对此感到自豪，因为这意味着他的工厂拥有最少的库存。

三重灾难

2011年3月，地震、海啸和核泄漏三重灾难震动了日本。许多汽车制造商被迫停产或减产数月。当时，一篇题为《精益生产：日本地震的又一个牺牲品?》的文章出现在网络上，并提出丰田是否会改变其经营方式的问题。

这在推特（Twitter）上引发了许多回应，包括下面的内容：

> 丰田会生存下去吗？会的。丰田能够生存下去，因为它不会动摇自己的核心信念，即持续改进和尊重员工。当然，它会做出改变。这是它做得比任何企业都好的地方，是它核心理念的一部分。它会生存下去，继续努力变得更好。
>
> ——史蒂夫·马丁
>
> 世界上没有足够的库存来为任何可能的灾难做好准备。这是150年来规模最大的地震。
>
> 如果一家企业有足够的库存来应对一场150年来

规模最大的灾难，谁会认为这是正确的库存，或者在 6 个月后不会成为剩余库存？

想想看：如果丰田工厂储备了继续生产所需的零部件，那么这些零部件在地震中可能会破碎、混乱和报废——这对任何企业来说都是致命的，对大型汽车制造企业来说更是如此。更不用说价值数百万美元的材料放在仓库里却什么都做不了，对现金流造成巨大影响。

通过保持供应链中的短交付时间，精益企业有能力通过阻止现金流出，来减少因自然灾害或其他不可预见事件造成的收入损失。正因为如此，精益企业在灾后恢复时更加敏捷和灵活。虽然由于库存较少，对终端市场的短期影响可能更为严重，但这种商业模式的长期优势是显而易见的。

库存

大野耐一曾说过，哪里有库存，哪里就有改善的机会。

在生产的各个层面，库存必须最小化。特别是，产成品库存代表制造产品的所有成本。另一方面，原材料、供应品和在产品的库存需要不同的控制方式。

在全球供应链管理的时代，原材料的运输跨越五大洲，需要很长时间的运输和清关。此外，由于许多障碍，包括进出口行政管理程序，原料供应商往往难以履行交付承诺。

然而，一旦原材料进入生产流程，企业应该在最短的时间内不间断地完成整个生产过程，直到产品完工并交付给顾客。这是 FSL 的理想应用。

精益战略的另一个特点

精益战略的另一个特点是信息和材料不间断地流动。

在精益生产中，将顾客订单用均衡的方法重新安排，将波动产生的不良影响降到最低，并传递到最后一个作业点，即装配作业的最后一道工序。

在装配作业完成后，信息依次（通过看板）到达上游工序，直至到达生产的起点。通过这种方式，顾客信息从下游移动到上游。

边做边学

精益专家经常将他们在车间的学习经验称为“边做边学”。几乎不可能让所有人都到车间开始精益生产。即使精益方法的最初引入是成功的，这也只是漫长旅程的第一步，只是企业整个供应链的一个小角落。

在现场有一个流行的说法：“地下有黄金。”要想获得黄金，必须理解，从现场开始精益会对企业的精益战略产生影响。

生产现场处于设计和销售职能之间，具有独特的作用。必须有足够的稳定性和灵活性来生产产品，满足质量、成本和交付的要求，满足多样化的顾客订单。

一般来说，高层管理者的主要关注点集中在研发、技术、设计、销售、市场营销和财务等职能上。似乎没有高层管理者会认真对待现场的管理。

高层管理者关注的主题

对于高层管理者来说，诸如金融、技术、工程、设计以及销售和市场营销等主题更加引人注目。当涉及生产和现场时，CEO 坚持这样的信念："将军不上前线。"

许多高层管理者似乎从现场消失了。在他们看来，现场是问题和顾客投诉大量存在的地方，不应该让他们受到打扰。

当今的高层管理者大多来自财务管理、工程、销售/市场等领域，很少有人是从生产管理者晋升上来的。

因此，高层管理者往往忽视了生产管理的作用，没有把它看作挖掘黄金的最后一块沃土。

一般来说，高层管理者不愿意去现场，因为他们害怕暴露自己的无知。一次，一位总裁对所视察企业的工厂做了如下评论。

每当我去工厂，首先会被带到会议室，在那里相关人员会用精心准备的各种图表告诉我正在发生什么。参观期间，他们会向我展示一台最近购买的昂贵机器。很快，午餐时间到了。他们会带我去当地一家豪华的餐厅，谈话围绕最近一些趣事展开。很快就告别了。

我想，大多数没有现场经验的高层管理者也会有同样的感受。一旦参与精益运营，他们会发现，与精益专家一起去现场观察作业是了解现场真实情况的最好方法之一。

高层管理者办公桌上从现场拿到的报告上都是“伪造的数据”，因为这些数据来自事件发生时在场的其他人。如果高层管理者能不辞辛苦地马上去现场看一看，就更好了。当高层管理者在现场时，很可能不需要应用鱼骨图或帕累托图，因为在那里会发现真实的数据。

有一次，我从美国一家大工厂的一位新上任的厂长那里听到一个故事。在工厂的第一天，他要求副厂长带他去现场。这些工厂生产各种各样的电子产品，每个工厂都有相互连接的洁净室，进入这些洁净室之前需要复杂的程序。当新厂长发现副厂长不知道如何进入洁净室时，立即解雇了他。

改变传统思维方式是漫长的旅程

将传统思维转变为精益是一个长期的过程。精益的引入包括职能和运营上的改进，这需要很多年甚至几十年的时间。因此，受季度利润驱动的高管们几乎没有时间考虑短期决策的长期影响。

高管股权薪酬的引入，即股票期权，改变了高管的世界，驱使他们关注预期市场，远离顾客。此外，大多数西方高层管理者都是在金融、工程和市场营销等专业基础上晋升的，很少或根本没有参与过生产管理。这就是为什么他们在形势艰难时采取财务重组、削减成本和裁员的措施，而不是改善生产管理。

随着时间的推移，财务审计不断披露公司的财务状况及其成败，激励高层管理者改进财务状况。迄今为止，还没有什么标准可以用来评估每家企业的精益运营状态。

因此，没有人能够像编制财务报告一样，通过公开可接受的关键绩效指标（KPI）来审计企业当前的精益状态。高层管理者从来没有了解过企业当前的精益状态，也没有人可以指责高层管理者不实施精益战略。因此，需要一套新的绩效指标来评估和审计企业的精益状态。

陪同大野耐一

我有幸陪同大野耐一前往美国、新西兰和澳大利亚，甚至还和他一起打高尔夫球。

有一次他问我日语中 kaizen（改善）和 kairyou（变革）是

如何区分的。我说，在日本，kaizen 的意思是用我们的大脑来改善，kairyou 的意思是用金钱来变革，这在西方是很常见的做法。他喜欢这种说法，并经常在公开演讲中引用。

反思的时刻

对于长期以来未能接受精益模式的传统管理来说，是时候反思传统管理系统的缺点了。

这些缺点包括：倾向于通过牺牲长期利益来实现短期利益，财务重组重于运营重组，低估了现场管理，过于死板和僵化的劳动力管理实践，将企业视为货币游戏的工具，等等。在形成企业可持续生存能力的过程中，这些问题会浮出水面等待处理。

第 20 章

大野耐一语录精选[1]

① 资料来源于大野耐一的《现场管理》。

团队合作

我曾经给生产工人讲过一个我最喜欢的故事：八个人划一艘船。一名选手觉得自己比另一名选手更强壮，所以会用两倍的力气划。这种额外的努力扰乱了船的节奏，使它偏离了航向。

标准

没有标准就没有改善。

七种浪费

我不知道是谁提出的，但人们经常谈论“七种浪费”。这种说法可能在这本书出版时就有了，但浪费并不仅限于七种类型。我想到了生产过剩、等待等，但这并不意味着只有七种类型的浪费。所以不要去想“这是什么类型的浪费?”而是继续下去，进行改善。

生产过剩

如果你问我："生产控制中最重要的部分是什么?"我会说，限制生产过剩。如果你可以在现场随意生产零件而不受到任何惩罚，那么这样的生产控制是毫无意义的。

如果把"成本更低"放在首位，你可能会犯各种错误，比如生产过剩或不足，或时机不对。丰田生产方式和以更低的成本进行生产的追求永无止境。

囤积的本性

我们不能一味地依靠农业。我们必须成为猎人，要有勇气，在需要时获得我们想要的东西。这超越了勇气。我希望这能成为当今工业化社会的常识。

看板

看板的目的是让问题浮出水面，并将它们与改善活动联系起来。我告诉人们："让闲人玩，不要做不必要的工作。"

丰田生产方式是如何产生的

事实上，我们可以说，丰田生产方式是丰田员工应用"五个为什么”的方法科学处理问题的结果。

标准化作业

丰田的标准化作业是改善的框架。我们从为任何一种工作采用某种标准开始，然后一个接一个地改进，反复试验。

实践优于理论

不要用眼睛看，要用脚去实践。不要用脑袋思考，要用手去操作。

在现场行走

每次进入工厂走 100 米都要花几个小时。如果你走 100 米根本不花时间，那就意味着没有人需要你。

永不停歇的生产线

永不停歇的生产线要么是优秀的，要么是糟糕的。

准时化生产的矛盾

从常识来看，准时化似乎充满了矛盾，比如准时化和生产能力之间，或者准时化和成本之间，甚至准时化给供应商也带来压力。我们必须突破这堵常识的墙，“超越常识”，才能从两个对立的方面考虑，使它们经得起理性的考验。

理解数字

不懂数字的人是没用的。看不见数字的现场是糟糕的。然而，只看数字的人是最糟糕的。

成本

成本不是为了计算，而是为了减少。

人的工作价值

我认为，如果没有通道让每个人把自己的好点子加入工作中，就会毁了人们。改进使工作对你来说更容易，这也给了你进一步改进的时间。在查理·卓别林的电影中，人们被视为机器的一部分，与此不同的是，在自己的工作中加入创造性的想法，并改变自己的工作，会使人们的工作变得更有价值。

改善

改善的点子是无穷的。不要觉得比以前做得更好就满足。

正如我之前提到的，这就像一个学生在三次击剑比赛中因为两次被授予大师称号而感到骄傲。一旦你学会了如何萌发改善的点子，在日常工作中保持一种态度是很重要的，即改善的点子将接连不断。

耐心

我当时很年轻，也非常渴望改变，但我意识到在短时间内推动改变不是一个好计划，所以我决定保持冷静，慎重前进。

接受他人建议

如果你照我说的做，你就是个傻瓜。如果你不照我说的做，你就是个大傻瓜。你应该独立思考，想出比我更好的主意。

来自日本的语录

以下是大野耐一的一些补充语录，来自他在日本的书籍、笔记、演讲和其他出版物。

移动和工作

移动并不意味着工作。工作是指流程的推进和作业的完成，减少浪费，提高效率。主管应该通过调动下属的积极性来发挥他们的作用。

目视化管理

工作场所必须用每个人都能看到的方式进行组织。

质量缺陷必须目视化，数量必须根据目标显示出来，这样任何人都能理解问题并实施改善。

少人化

简单地缩短工作时间没有任何好处。只有减少人员才能降低成本。

问题和原因

每个问题背后都有真正的原因。我们应该重复五个“为什么”，找出根本原因。

教育和培训

教育教授未知的东西，培训重复提供已知的东西。

孤岛

给工人单独安排作业不能形成互相帮助的局面。通过安排作业组合，可以达到减少人员的目的。

不停歇的生产线

生产线不停歇是因为分配了太多的人，问题没有浮出水面。生产线应该组织成可以随时停止的方式。

生产过剩的浪费

产能过剩的生产线往往会加快生产，而浪费将被隐藏。生产过剩隐藏了过剩的操作人员，消耗了预付成本、资金、材料、利息、仓库成本和其他未察觉到的成本。

在经济缓慢增长时期，提前生产是一个大大的罪恶。

用流动管理过程

遗憾的是，在今天的大多数企业中，流动被管理层打乱和干预。

知识是你用钱买来的东西

智慧是你通过行动获得的东西。

只有实践了才能获得智慧

对精益的真正理解只有在实践之后才能获得。不管你读了多少书，如果没有实践过，你什么也不会知道。

丰田生产方式永无止境

从现场和现物会获得有用的信息。倾听现场的声音。

更多语录

机器不会坏。它们会出故障。

价值和成本不应混淆。

当最初的目标没有实现时，每个人都在寻找原因，但当它实现时，没有人反思它的原因。

重复问五次为什么，真正的原因就出现了。

在改善前，实施标准作业。

准时化生产意味着顾客的喜好被直接传递给产品的制造者。

边做边学，不搞空谈。

第 21 章

倡导 FSL 评估

在本书第 15 章中，FSL（流动、同步和均衡）被认为是支撑精益运营的战略结构。

1. 从历史角度看，公开的财务报告制度一直是股东、利益相关方和其他相关机构记录、证明和审计企业财务业绩的唯一手段。
2. 另一方面，除财务报告外，没有其他公开手段对企业整体内部经营绩效进行评估和审计。
3. 如同本书第 1 章中提到的，各种机构对企业经营业绩给予奖项或认证，但尚未使用本书描述的精益标准，即通过审查 FSL 状态来评估和审计整个实施精益企业的绩效。
4. 将 FSL 作为记录和审计企业精益运营的关键内部绩效指标，对每个企业的精益状态进行评估、审计和认证，这意味着进入精益实施服务的新阶段。将企业明确划分为两种集团，即精益集团和传统集团。精益集团是丰田公司的缩影，是一种比传统制度更优越的制度，传统集团被自身的制度束缚，正如本书所解释的那样。在传统集团中，生产基于销售预测，集团具有生产交货期长、库存多、质量低等特点。

5. FSL 状态报告可以提交给 CEO、董事会和其他利益相关方，如股东、投资银行家、基金经理及其他希望评估公司整体运营状况的金融机构。FSL 状态报告与财务报告可以提供企业当前业绩和未来前景的公正评估。
6. 利益相关方应要求管理层提交 FSL 状态报告。这将是一个强烈的信号，管理层必须努力改善企业的 FSL 状态，成为真正的世界级精益企业。
7. 如果企业有多个业务部门和分支机构，可以对每个单独的业务部门和分支机构进行 FSL 状态审计。FSL 状态报告可以为高层管理者提供强有力的信息，让他们回顾当前并展望未来的 FSL 状态，提供、维持和改进走向世界级精益企业的路径。

由于 CEO 不得不在考虑季度财务报告的情况下做出短期决策，所以他们往往倾向于做出有利于短期利益而不是长期利益的决策。FSL 评估可以帮助 CEO 和董事会做出公正的决策，以确保企业的长期可持续性。

采用 FSL 战略

尽管我们努力推广精益方式，但很多企业的高层管理者没有做出重大决定，即抛弃传统方式，采用 FSL 战略。

对当前生产系统进行评估的好处之一是缩短了高层管理者、现场和顾客之间的距离，这三者是精益组织的三个主要组成部分。

我认为，所有类型的中小型企业，以及大型国际企业，都可以从 FSL 评估中获益，因为它促成三方之间的接触：高层管理者、现场和顾客。现场意味着员工。

开展生产现场评估

在目前的情况下，大多数企业还没有开始其最有效的精益战略的旅程，我建议可以实施 FSL 评估，定期进行 FSL 改进实践，这将改善 FSL 旅程的结果。FSL 评估可以拓展运营范围和精益机会，这些是迄今为止一直被错过的。

对企业的现场定期进行 FSL 评估将产生直接提供给高层管理者的报告和发现。FSL 的全面评估可以展现企业目前的状态并提供转型路线图，以实现高水平的 FSL 实施效果。到达精益的顶峰后，可以公开展示值得信赖的卓越业务的图景。

写第三本书的原因

这是我第三本关于管理的书，第一本是《改善》，第二本是

《现场改善》。在第三本书《战略改善》中，我选择了三个关键词，即高层管理者、顾客和现场，作为业务运营的组成部分。

第一本书论述了基于独特的日本改善概念的企业运营方法的应用。

第二本书论述了现场管理的作用。在日语中，现场的意思是“真实的地方”，即真正的工作场所，员工在这里从事他们的工作，以满足最终顾客。

一个企业的最终目标是使顾客满意，这保证了企业的可持续发展。这些目标实现后，企业就可以获得持续的成功。顾客的需求必须被识别并满足。

以下是我在本书中所阐述的企业治理的主要结构。这些都是由高层管理者和顾客满意度决定的，然后通过现场的流程实现。本书只讨论了全球所有企业的三个组成部分，按高层管理者、顾客和现场的顺序排列。

一旦高层管理者决定脱离提高财务业绩的传统目标，开始实施改善和 FSL 战略，企业就会摆脱过去的模式，通过引入新的 FSL 管理系统，迈向一个全新的目标。

唯一的要求是高层管理者做出最终的、最重要的决定，采用 FSL 战略，并挑战最高水平的 FSL，达到精益的顶峰。

后 记

全球改善咨询集团西欧地区高级合伙人

兼董事总经理　欧克利德斯·科英布拉

我1999年加入全球改善咨询集团时认识了今井正明先生，当时我担任集团的葡萄牙总经理。我的任务是通过传播今井正明先生在《改善》和《现场改善》这两本书中描述的知识，在葡萄牙开拓全球改善咨询集团的业务。我来自一家大型咨询公司，长期以来一直被改善和精益的简洁所吸引：消除浪费、建立与客户需求相关的流程。没有花哨的技术解决方案，只有在实践中起作用的简单理念：去现场吧，去做吧！

一开始，我不太理解改善概念的范畴，可能是因为它看起来很简单，有时甚至是因为它“自相矛盾”的方法。尽管如此，当我们教授和实施改善时，我开始看到效果，理解了改善概念和工具的全面有效性。

在第三本有关改善的书中，今井正明先生扩展了与流动相关的改善概念，创造了另一个术语（继改善和现场后），称为“FSL”：流动、同步和均衡，并对FSL的重要性进行了详细的介绍。事实上，全球改善集团就这一主题推出了另一本书（由我自己撰写），名为《物流与供应链改善》（2013 年出版）。然而，今井正明先生的第三本书不仅是一本技术书，还代表了大野耐一通过丰田生产方式创立的日本生产管理学院的观点。这本书满是日本案例研究，挑战公认的自动化解决方案，并通过使用 FSL 原则和工具推动读者走向更简单、灵活和有效的解决方案。

自丰田汽车公司和大野耐一建立丰田生产方式以来，改善和精益一直在发展，今井正明在他的第一本书中很好地解释了这一点，这是一本关于丰田之道的 TQM（全面质量管理）的畅销书。这是改善 1.0 时代，基于问题解决、质量和流动的文化（但同步和均衡的程度更难理解，也解释得不太清楚）。

在西方，正如詹姆斯·沃麦克（James P. Womack）和丹尼尔·琼斯（Daniel T. Jones）的《精益思想》（1996 年出版）一书宣传的那样，通过将概念扩展到精益运营，改善 1.0 演变为改善 2.0。而布鲁斯·亨德森（Bruce A. Henderson）和乔治·拉克（Jorge L. Larco）的《精益转型》（1999 年出版）一书真正强调了持续改进文化（即使以牺牲 FSL 为代价），这是改善 3.0，“转型”这个词走上了前台。

遗憾的是，FSL 在某种程度上被遗忘或被抛到了后台，我们看到许多企业在没有 FSL 的情况下进行“转型”。

现在，今井正明先生推出改善 4.0，这是一个持续改进的时代，在这个时代，流动再次走上前台，被视为企业战略的一部分。事实上，我们如今在全球改善咨询集团谈论的“KAIZEN™业务系统”是企业战略的支柱，推动运营和增长领域（营销、销售、创新和新产品开发）的改进。

今井正明强调，企业战略至少一半将取决于卓越的运营和持续的改进文化；但是，只有依靠 FSL 才能取得突破性成果。

这本书是今井正明知识财富的一部分，将极大地帮助我们了解并强调基于质量和交付绩效的战略的重要性，将顾客体验提升到突破性竞争优势的高度。

今井正明在书中描述的有关 FSL 审计的详细内容可从全球改善咨询集团获得。它有助于识别运营中战略举措的机会，在并购过程中作为尽职调查的基础，或只是作为运用 FSL 来实施和完善卓越运营系统的蓝图，从而加强改善文化。

在此，我们代表全球改善咨询集团的所有顾问和员工，向我们的改善导师和专家今井正明先生致敬，感谢他在卓有成效和专注的职业生涯中，明确并强调他自己创造并传播到全世界的这几个词语的重要性：做改善，去现场，实施 FSL。

感谢您，今井正明。

Masaaki Imai

Strategic Kaizen: Using Flow, Synchronization, and Leveling Assessment to Measure and Strengthen Operational Performance

9781260143836

北京市版权局著作权合同登记号：01-2021-3481

图书在版编目（CIP）数据

战略改善 /（日）今井正明著；中国质量协会译
. -- 北京 : 中国人民大学出版社，2022.6
ISBN 978-7-300-30606-3

Ⅰ.①战… Ⅱ.①今… ②中… Ⅲ.①企业管理-组织管理-研究 Ⅳ.①F272.9

中国版本图书馆 CIP 数据核字（2022）第 079708 号

战略改善

今井正明　著

中国质量协会　译

Zhanlüe Gaishan

出版发行	中国人民大学出版社		
社　　址	北京中关村大街 31 号	**邮政编码**	100080
电　　话	010－62511242（总编室）		010－62511770（质管部）
	010－82501766（邮购部）		010－62514148（门市部）
	010－62515195（发行公司）		010－62515275（盗版举报）
网　　址	http://www.crup.com.cn		
经　　销	新华书店		
印　　刷	北京联兴盛业印刷股份有限公司		
规　　格	148 mm×210 mm　32 开本	**版　　次**	2022 年 6 月第 1 版
印　　张	9.125 插页 2	**印　　次**	2022 年 6 月第 1 次印刷
字　　数	138 000	**定　　价**	69.00 元